Lk-578

LETTRES

SUR

LA CHAMPAGNE.

Ouvrages nouveaux qui se trouvent au Bureau des ANNALES FRANÇAISES des Arts, des Sciences et des Lettres, rue Meslée, n.° 52, à Paris.

———

Mémoires sur les Jachères, présentés au Roi, par M. *A. de Géronval.*

Considérations sur l'Industrie, présentées au Roi, par *le même.*

Les espérances d'un Français au berceau de Mgr le duc de Bordeaux, par *le même.*

Le Soldat Vendéen, mimodrame, par *le même.*

Pour paraître en Septembre 1822 :

Nouvelles morales, 1 vol. avec figures, par *le même auteur.*

———

Observations scientifiques et critiques sur les Arts dépendans du Dessin, ouvrage classique, par M. *Alex. Lenoir*; dédié à M. le Préfet de la Seine, et présenté au Roi. — Un vol. in-8.° avec fig. 5 fr.

Dissertations sur les Vénus de Médicis, Aphrodite, pudique, etc.; sur *l'Apollon, et la Statue de Milo*; par plusieurs savans antiquaires; dédiées à madame *Lebrun.*

Notice historique et descriptive de Chambord et ses dépendances, par M. *Gilbert.* — Broch. présentée au Roi (2.e Édit.) 1 fr.

Nouveau Conte Bleu, Allégorie, 5.e Édit., 1 fr.

Et tous les Ouvrages successivement annoncés dans les *Annales françaises.*

LETTRES

SUR

LA CHAMPAGNE,

Par M. E. A. DE GÉRONVAL.

Et pius est patriæ facta referre labor.
Ovid. Tr. lib. 2.

A PARIS,

CHEZ M. MONDOR, ÉDITEUR,

AU BUREAU DES ANNALES FRANÇAISES,
RUE MESLÉE, N.° 52.

1822.

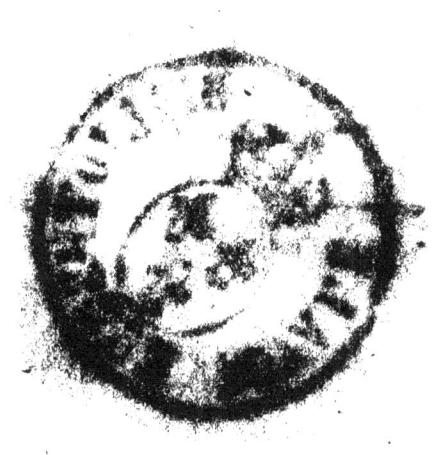

IMPRIMERIE DE J. P. JACOB, A VERSAILLES.

A Madame

La Comtesse de Genlis.

Madame la Comtesse,

Vous avez accueilli avec une extrême bienveillance les faibles essais de ma jeunesse, et les encouragemens que vous avez bien voulu me donner ont été pour moi de puissans motifs d'émulation. Vos bontés m'ont pénétré de la plus vive reconnaissance : daignez en agréer l'expression.

J'espère, Madame la Comtesse, que vous lirez avec indulgence ces Mémoires historiques sur l'une des plus grandes Provinces de la France (1);

---

(1). Je dois plusieurs de ces observations historiques à M. Mély-Janin, et je ne puis m'empêcher de l'en remercier ici.

si je suis assez heureux pour que ce Livre obtienne votre approbation, et que vous me permettiez de le publier sous des auspices aussi respectables que les vôtres, Madame la Comtesse, je ne conserverai pas sans orgueil le souvenir d'un témoignage d'intérêt aussi honorable pour moi. Mon travail sera trop récompensé, lorsque j'aurai mérité un suffrage qui m'est si précieux, et auquel les gens de goût attachent tant de prix.

Je suis

Avec un profond respect,

Madame la Comtesse,

Votre très-humble et très-obéissant serviteur,

M. E. A. de Gérouval.

Paris, le 16 mars 1822.

AVIS
DE L'ÉDITEUR.

Les Lettres sur la Champagne, que nous offrons au Public, sont véritablement un cours d'histoire ancienne et moderne, de littérature, d'archœologie et de morale, fruit de longues recherches et de profondes méditations sur toute cette belle, industrieuse et riche partie de la France.

Des observations justes et spirituelles; des anecdotes gaies et piquantes, recueillies avec exactitude à toutes les époques; des critiques savantes et les plus agréables détails, sont l'ornement de cet Ouvrage, augmenté dans presque toutes ses parties par l'Auteur, qui l'a revu et corrigé entièrement depuis son insertion partielle dans le recueil périodique publié à Paris sous le titre de *Lettres Champenoises* (1); où il a été généralement remarqué et apprécié, ainsi qu'il résulte du compte qu'en ont rendu plusieurs feuilles quotidiennes.

L'Auteur a joint à ces Lettres des aperçus détaillés sur l'Industrie des Départemens composés de la Champagne, suivis de l'énumération motivée des récompenses obtenues par les artistes, manufacturiers et cultivateurs de chaque Canton de cette Pro-

---

(1) Rédigées par MM. *de Féletz, Michaud, O'mahoni, Mély-Janin, Laurentie, Lalanne, de Géronval, Saint-Prosper*, et plusieurs autres hommes de Lettres; adressées à Madame de *** à Arcis-sur-Aube.

vince, aux Expositions publiques des Produits de l'Industrie française.

Les documens qui ont servi à la composition de ce Livre, dont les parties commerciales et industrielles fixeront surtout l'attention générale, ont été recueillis sur les lieux et bien vérifiés; l'Éditeur vient d'y ajouter des Notes qui augmenteront encore, il l'espère, l'utilité de l'Ouvrage, déjà si recommandable dans toutes ses parties.

La réunion des Lettres sur la Champagne, ainsi *augmentées* et *refondues*, forme des *Mémoires historiques* d'un intérêt soutenu, et elle ne peut qu'être infiniment agréable à tous les amis de notre belle France, étrangers et nationaux.

Il serait à désirer que des écrivains spirituels et instruits continuassent une tâche si éminemment nationale, en recherchant ainsi l'Histoire des autres Provinces de la France, et en traitant, tout à la fois, de leurs antiquités, de leur industrie et des mœurs de leurs habitans. De semblables Ouvrages, où l'érudition se trouverait toujours réunie à l'élégance, et dont la lecture serait intéressante pour toutes les classes de la Société, seraient plus propres à faire connaître les richesses de notre belle Patrie, que de lourdes et ennuyeuses compilations.

LETTRES
SUR
LA CHAMPAGNE.

~~~~~~~~~~~~~~~~~~~~~~

LETTRE PREMIÈRE.

Les circonstances de l'Histoire d'une Province ne passent d'âge en âge qu'en se prêtant des secours mutuels. La révolution a détruit la moitié des constructions monumentales relatives aux événemens de notre histoire. Combien de faits intéressans sont aussi tombés dans l'oubli par la négligence de propriétaires qui ne recherchent ni les antiquités, ni les traditions des lieux qu'ils habitent! Il serait peut-être utile de conserver, dans chaque commune, un *Livre de souvenirs*, dans lequel on consignerait les événemens remarquables (1). J'espère, Madame, que vous lirez, avec intérêt, des *Observations sur la Champagne*: nous étudions toujours avec plaisir les mœurs de nos compatriotes.

La Champagne a toujours été renommée par sa fidélité et son attachement à ses maîtres; tous ses monumens l'attestent. Il y eut six Champenois parmi les quinze seigneurs qui passèrent en Angleterre pour otages, lorsque le roi *Jean* vint en France traiter de sa liberté. Les annales de Châlons, et celles de la cathédrale, contenaient

---

(1) Le gouvernement vient de nommer des commissaires pour la recherche des antiquités dans tous les départemens de la France; le recueil de leurs travaux sera sans doute rendu public; puisse-t-il ne laisser rien à désirer, et nous consoler de l'oubli du *Livre de Souvenirs*.

encore, en 1789, des lettres des rois *Charles VI* et *Charles VII*, qui exemptent cette ville de levées extraordinaires, etc., pour la récompenser de sa constante fidélité à la couronne.

Regnaud de Chauveau, évêque de Châlons, fut tué à côté du connétable à la bataille de Poitiers, dans laquelle le roi *Jean* fut fait prisonnier. Le duc de Normandie, premier dauphin, assembla ses États-Généraux à Paris pour aviser aux moyens de sauver l'État. *Jean de Conflans*, vidame de Châlons, et très-attaché au Dauphin, fut tué en présence de ce prince lui-même, par ordre du Prévôt de Paris, le 14 février 1357. Les États-Généraux s'assemblèrent trois fois cette année sans vouloir accorder ni aides ni subsides au Dauphin, s'il ne livrait point les ministres et les officiers du roi *Jean*. Le Dauphin ne voulut pas y consentir, et, secondé par le chevalier *Bayard*, il se ressaisit de l'autorité et triompha des intrigues de *Charles-le-Mauvais* qui était sorti de la prison où ses excès l'avaient fait enfermer. N'oublions point que dans cette circonstance les provinces de Champagne et du Languedoc sauvèrent la monarchie. Le Dauphin, après avoir obtenu des secours en Languedoc, convoqua à Vertus ses États de Champagne, qui lui accordèrent tout ce qu'il demanda. L'exemple de ces deux provinces entraîna les autres, qui s'empressèrent de les imiter, pour ne pas leur céder en honneur et en fidélité : ainsi le Dauphin conserva la couronne au roi *Jean*. N'oublions pas non plus qu'*Archambault de Lautrec* était évêque de Châlons lors de l'assemblée des États à Vertus (1358).

L'ancienne province de Champagne avait environ soixante-cinq lieues de longueur sur quarante-cinq de largeur. Elle était bornée au septentrion, par le Hainaut et le Luxembourg; à l'orient, par la Lorraine et la Franche-Comté;

à l'occident, par l'Ile de France et le Soissonnais; au midi, par la Bourgogne. Ses rivières principales sont la Marne, la Meuse, l'Aube et l'Aisne. On la divise en haute et basse. Elle comprend la Champagne propre, le Rémois, le Rethelois, le Pertois, le Vallage, le Bassigny, le Sénonois et la Brie Champenoise (1).

La Champagne est un pays plutôt froid que tempéré; le terrain y est uni; et c'est à cause des plaines immenses qui occupent la plus grande partie du pays, que cette province a pris le nom de Champagne (*Campania*). La Champagne est abondante en bois; on y remarque la forêt d'Arc sur les frontières

---

(1) Elle se compose aujourd'hui des départemens des Ardennes, de l'Aube, de la Marne et de la Haute-Marne, dont les chefs-lieux sont *Mézières*, *Troyes*, *Châlons-sur-Marne* et *Chaumont*.

de la province, au nord de la ville d'Arc en Barrois, et qui est contiguë au nord, à la forêt de Château-Vilain; celle de Chenoy, qui est aussi dans le voisinage de la ville d'Arc en Barrois, mais au midi; celle de Château-Vilain, sur les limites de la Champagne, vers le midi, dans le voisinage de la ville dont elle porte le nom; celle de Chamouzy, dans l'élection de Laon; celle de Coucy, district de Picardie; la forêt de Dieulet sur les confins de la partie orientale de la Champagne, dans la prévôté de Stenay et dans le voisinage de la ville de ce nom; celle de Dôle, dans l'élection de Soissons, à une lieue de Fismes; celle d'Etrelles, dans le comté de Bar-sur-Seine; celle de la Fère à deux lieues de Château-Thiéry; celle de Fromont, dans la partie septentrionale de la province, à deux lieues de Mézières; celle de Hesse, dans la partie orientale de la province; celle d'orient, dans l'élection de Troyes; enfin celle de Signy, dans le Rethelois. On peut évaluer les forêts dont nous venons de parler à quatre-vingt mille arpens de bois pleins (1). On y trouve plusieurs ardoisières, et il s'en fait un assez grand commerce tant en Picardie qu'en Flandres. Les ardoises sont communes dans plusieurs contrées de la Champagne, et elles contribuent beaucoup à l'ornement et à la solidité des constructions de la province.

On trouve en Champagne plusieurs sources d'eau minérale, et un grand nombre de mines de fer. On prétend

---

(1) Il va paraître, chez l'éditeur de ces lettres, au bureau des *Annales françaises des Arts*, etc. un ouvrage très-intéressant, résultat de questions adressées par ordre du Gouvernement sur l'influence du déboisement de la France sur son climat, etc., sous le titre de *statistique météorologique et forestière*. Les documens fournis pour cet ouvrage sont authentiques.

que les meilleures vignes de Champagne (1) sont originaires de l'Ermitage, en Dauphiné, et que ce fut le cardinal

---

(1) Un Professeur du collége d'Harcourt crut devoir médire du Vin de Champagne dans une Ode latine qu'il avait composée pour célébrer le Vin de Bourgogne; ses reproches sont vagues et même peu offensans dans la langue poétique:

« Nam suum Rhemi licet usque bacchum
» Jactitent; æstu pætulans jocoso,
» Hic quidem fervet cyathis, et aurâ
   » Limpidus acri,
» Vellicat nares avidas; venenum
» At latet: multos facies fefellit.
» Hic tamen mensam modico secundam
   » Munere spargat ».

M. Coffin, principal du collége de Beauvais, qui était né dans le diocèse de Reims, défendit le vin de sa patrie dans une ode plus belle que celle de son rival; on peut juger du ton de sa poésie par les vers suivans:

« Men gratus error ludit, an intimis
» Gliscens medullis insinuat calor?
» Venisque conceptus sonantes
» Se liquor in numeros resolvit?...

de Tournon qui fit présent aux bourgeois de Reims de plusieurs milliers de seps de ce plant.

» Cernis micanti concolor ut vitro,
» Latex in auras, gemmeus aspici,
» Scintillet exultim utque dulces
» Naribus illecebras propinet
» Succi latentis proditor halitus;
» Ut spuma motu lactea turbido
» Crystallinum blande repentè
» Cum fremitu reparet nitorem ».

LETTRE DEUXIÈME.

Dans les deux partages que firent les enfans de *Clovis* et ceux de *Clotaire I*.^{er}, la Champagne faisait partie du royaume de Metz ou d'Austrasie. Grégoire de Tours parle de divers ducs de Champagne, tels que *Loup* et *Winstrion*; ils étaient gouverneurs de cette province pour les rois d'Austrasie, et ils ont sans doute joué un rôle intéressant au commencement de la monarchie. En 953, la branche des comtes héréditaires de Champagne se forma dans la personne de *Bernard*, comte de Vermandois; plusieurs d'entr'eux ont été célèbres dans le temps de l'ancienne pairie féodale ou réelle, dont l'origine est inconnue. La Champagne était le premier des trois comtés-pairies laïques. On ignore aussi l'origine précise du titre de *palatin* que portaient les comtes de Champagne. Les pairs de France avaient leurs pairs particuliers qui étaient leurs vassaux directs et arrières-vassaux de la couronne, et par lesquels ils faisaient tenir les États de leurs pays : les pairs de Champagne étaient sept, savoir : les comtes de Joigny, de Rethel, de Brienne, de Roucy, de Braine, de Grandpré et de Bar-sur-Seine.

Thibaud, comte de Champagne, dit *le chansonnier*, hérita du royaume de Navarre à la mort du roi *Sanche VII*, son oncle maternel; ce royaume ne valait pas son comté; mais son comté servit à le faire valoir. Il transporta dans ses terres de Navarre de bons laboureurs champenois qui les peuplèrent et les fertilisèrent. En 1274, Henri III, quinzième comte de Champagne et roi de Navarre, n'ayant laissé qu'une fille, nommée Jeanne de Navarre, et petite-fille de Thibault IV, elle épousa

Philippe le Bel, et lui porta en mariage la Navarre, la Champagne et la Brie. Troyes, Reims et Châlons formaient trois grands fiefs, qui avaient alors leur hiérarchie particulière; et la réunion du comté de Champagne à la couronne ne porta aucune atteinte à la souveraineté de ces deux premières villes.

Edouard III, roi d'Angleterre, qui réclamait la couronne de France comme petit-fils de Philippe le Bel, réclama aussi la Champagne et la Navarre au même titre; mais les États du royaume déclarèrent que la couronne appartenait à Jeanne de France, fille de Louis Hutin, l'aîné des trois fils de Philippe le Bel et de Jeanne de Navarre.

Après l'extinction de la race masculine de Philippe le Bel, la France avait restitué la Navarre, c'est-à-dire l'avait laissé passer à la fille de Louis Hutin; mais la restitution de la Champagne et de la Brie ne paraissait pas si indispensable : c'étaient incontestablement des provinces françaises soumises dans l'origine à la loi salique. La France les avait déclarées fiefs masculins par le jugement que saint Louis avait prononcé entre Thibaud IV et Alix, fille de Henri II. Philippe le Long et Charles le Bel gardèrent la Champagne et la Brie, dont ils donnèrent à leur nièce tel dédommagement qu'ils voulurent; et Philippe de Valois transigea pour ces comtés. La situation de la Champagne qui la rend frontière du côté de l'Allemagne, et celle de la Brie qui serre de trop près la capitale, faisaient de l'acquisition de ces deux provinces un objet important de la politique du roi de France. En 1335, Philippe offrit un échange et le fit accepter; il donna au roi de Navarre le comté d'Angoulême et les domaines de Beaumont et d'Anières. Ainsi fut consommée la réunion de la Champagne à la couronne, qui fut encore confirmée, en 1361, par le roi Jean.

Troyes, *Reims* et *Châlons* se disputent l'honneur d'être la capitale de cette province; mais qui ne reconnaîtra point la supériorité de la ville célèbre qui faisait dire à *Lafontaine*: « Il n'est cité que je préfère à Reims ». On dit que la Champagne est en France ce que la Béotie était dans la Grèce: l'une a donné naissance à *Pindare* et l'autre à *Lafontaine*; mais l'origine du proverbe peut seule vous faire reconnaître sa fausseté, la voici : on avait établi à Troyes un droit d'entrée sur chaque troupeau de cent moutons et au-dessus; pour frustrer ce droit, les marchands de Champagne n'amenèrent plus que quatre-vingt-dix-neuf moutons à la fois; et, de cette manière, ils ne payaient rien. Un commis, mauvais plaisant comme il y en a tant, s'avisa un jour de compter le conducteur du troupeau pour compléter le nombre *cent*, en disant : quatre-vingt-dix-neuf moutons et un Champenois font cent.

Les Champenois sont, comme les Parisiens, avides de nouvelles; il ne faut pas croire que les comètes passent impunément sur leurs têtes. Depuis la femme sauvage jusqu'à la négresse qui tomba dernièrement du ciel, il a toujours couru quelque histoire extraordinaire dans votre province. On dit que les habitans de la Champagne ont une prononciation sifflante et sourde; je n'ai fait cette observation que dans les campagnes.

Il n'est pas de propriétaire champenois qui n'ait son herbier, son cabinet d'histoire naturelle et son observatoire.

Il n'y a point de livres dans les rues d'Arcis-sur-Aube, ainsi qu'on vous l'a dit; mais on en trouve quelquefois dans les forêts de la Champagne. Jugez de ma surprise, Madame, en voyant un bûcheron poser sa cognée pour commenter le Contrat-Social; un jeune pâtre chantant des poésies pastorales, entouré de maigres brebis qui, transies de froid, cherchent leur pâture sur une montagne aride et battue par le vent. Les livres sont répandus, je ne sais comment, dans votre province; et je pourrais vous présenter un charbonnier qui, par son jugement et par son érudition, l'emporterait peut-être sur Messieurs tel et tel.

Les fêtes agricoles ne sont pas célébrées en Champagne avec autant de pompe que dans la Belgique; cependant l'antique usage est encore respecté dans quelques cantons de cette province, où l'agriculture est publiquement honorée. Là, les jeunes cultivateurs qui se sont distingués pendant les moissons reçoivent d'utiles encouragemens, et les jeunes filles leur présentent des fleurs et des couronnes.

Les grands hommes conservent presque toujours le caractère de leurs compatriotes, et souvent leurs actions mettent au jour les vertus ou les vices des habitans de la contrée qui les a vus naître. La patrie d'*Eponine* et de *Jeanne d'Arc* nourrira toujours des femmes courageuses, humbles et vertueuses. Belles et modestes comme l'héroïne d'Orléans, vos jeunes filles ont conservé les mœurs de son siècle. Les Champenoises sont à la fois pleines d'innocence et de candeur, d'esprit et de vivacité.

Vous connaissez sans doute, Madame, la fin déplorable de M.***, votre compatriote, qui mourut de chagrin en perdant une maîtresse chérie, obligée par ses parens de former d'autres nœuds; et vous savez que Mlle*** ne put survivre à son malheureux amant. J'ai voulu rendre hommage à la constance de ces infortunés dans la romance suivante :

On nous sépare, ô vierge que j'adore ;
De ton hymen vois briller le flambeau !
Tu m'es ravie, à peine à ton aurore,
Et la douleur me conduit au tombeau.

Tu n'as jamais trahi ma confiance;
Oui : mon rival est toujours abhorré!
Peut-il encore entrevoir l'espérance
Sur ton beau front, pâle, décoloré?

Je dois briser une si douce chaîne;
Hélas! mourante on te mène à l'autel;
Crains désormais qu'il devine ta haine :
Que font tes pleurs aux désirs du cruel!

Tu n'auras pas toujours tant de constance;
L'oubli bientôt te rendra le bonheur;
Te souviens-tu des jours de notre enfance :
Faut-il déjà pleurer seul mon malheur?

En m'oubliant, tu deviendras volage :
Las de nos fers, le plaisir nous séduit.
Tu me verras toujours sur ton passage :
La fleur des prés cherche le jour qui fuit.

Ah! mon rival peut m'outrager sans crainte :
J'offense aussi la beauté que j'aimais;
La honte enfin vient étouffer ma plainte;
Ma voix faiblit et s'éteint pour jamais.

LETTRE TROISIÈME.

STRABON ne borne la fôret des Ardennes (1), célèbre par le cerf de *Saint Hubert* et par les aventures de *Geneviève*, qu'à l'Océan et au pays d'Artois.

Les Ardennes offrent une culture extrêmement variée; ce département est couvert d'ateliers de tous genres dont les produits sont recherchés dans les marchés de l'Europe : de nombreux

---

(1) Nom que les Gaulois et les Sabins donnaient à *Diane*. Quelques inscriptions publiées par Gruter et dans lesquelles il est fait mention d'Arduinna Diana, ont été trouvées dans les Ardennes.

« Arduenna sylva quæ est totius Galliæ maxima
» atque ab ripis Rheni finibus que Trevirorum
» ad Nervios pertinet, millibus queампliùs D.
» in longitudinem patet ».

(*Julii Cæsaris commentaria*).

produits sortent des manufactures de ce département; ils apprennent aux nations les plus éloignées que l'Ardennois n'est jamais inactif.

L'industrie manufacturière de la Champagne a fait de plus grands progrès que son agriculture; je ne puis mieux vous faire connaître sa situation qu'en mettant sous vos yeux le tableau des récompenses obtenues aux expositions publiques des Produits de l'Industrie française, par les manufacturiers de cette province. J'extrais cet exposé d'excellens ouvrages (1) publiés par l'un de nos savans les plus laborieux.

Je commence par le Département

---

(1) Entr'autres le Livre d'Honneur de l'Industrie française, par M. le chevalier Bottin, 1.re et 2.e partie; prix : 6 fr., à Paris, au bureau de l'Almanach du Commerce, rue J.-J. Rousseau, n.º 20; et au bureau des Annales Françaises, rue Meslée, n.º 52.

des Ardennes; je vous parlerai successivement, Madame, de l'Industrie des autres parties de votre province, lorsque l'occasion s'en présentera dans ces lettres.

Ce département, formé des provinces du Hainaut, de Picardie, de la Champagne propre, et de la principauté de Sedan, a cinq cent six mille huit cent trente-cinq arpens métriques de superficie; sa population est de deux cent cinquante-un mille cinq cent quatre-vingt-sept habitans. Les rivières navigables du département sont la Meuse, l'Aisne, de Château-Porcien à la Marne, (flottable à Mouzon). Il est très à désirer, dans l'intérêt du commerce, que le canal des Ardennes soit promptement achevé.

Des mines de fer, des ardoises, du marbre, de l'argile blanche à porcelaine de forges, d'excellente terre à four, du froment dans plusieurs cantons, du seigle dans d'autres, des vins médiocres, des fruits, de bons pâturages, du chanvre, environ quatre cent mille arpens de bois; telles sont les principales productions de ce département. Les pommes de terre ont empêché le retour des espèces de famines auxquelles les hautes Ardennes étaient souvent exposées. Les chevaux du département sont propres à l'agriculture et aux troupes légères; la race des moutons, dite ardennoise, donne une laine fine et une chair délicate.

On trouve dans ce département de nombreux hauts-fourneaux et feux d'affinerie, fonderies et batteries de cuivre, ateliers de quincailleries, clouteries considérables, belles verreries, fabriques d'acides minéraux, et exploitation de minerai et d'ardoises. La ville de Sedan possède depuis le 17.e siècle une des trois célèbres manufactures françaises de draps; elle fournit aussi des casimirs castorines et autres étoffes dans des genres très-variés. Rethel fabrique des schals façon cachemires et différens tissus en laine; tanneries et cuirs forts; chamoiseries et toiles de chanvre. Toute la contrée tire la houille pour ses usines des bords de la Sambre.

La position géographique du département donne un caractère particulier à ses relations commerciales. Des sources abondantes dans toutes les saisons, favorisent les irrigations; les *cendres minérales*, les *marnes*, les *argiles*, les *sables* peuvent, selon le besoin du cultivateur, donner à son terrain la compacité ou la légèreté, la chaleur ou la fraîcheur. Le territoire fournit, pour les arts chimiques, les matières, soit principales, soit auxiliaires dont la pesanteur ne permettrait pas un long transport. Les coupures du sol laissent arriver, pour les arts mécaniques, des matières premières exotiques, auxquelles la main d'œuvre ajoute une valeur qui dédommage le manufacturier de ses avances. Peu de départemens réunissent autant de précieux établissemens : la perfection des procédés, et la précision de l'exécution, donnent aux produits des manufactures des Ardennes des qualités qui les font rechercher avidement. Voici l'énumération motivée des récompenses qui ont été accordées aux Manufacturiers de ce département, aux expositions publiques des Produits de l'Industrie nationale.

MM. *Bacot* père et fils, de Sedan : *draperie fine*, (médaille d'or, exposition de 1819) (1).

« La ville de Sedan est renommée depuis long-temps par l'excellence et la beauté de ses draps noirs ; on ne connaît rien de plus parfait en ce genre que le *drap noir* présenté à l'exposition par MM. Bacot. Leurs *draps bleus* sont également d'excellente qualité ».

---

(1) Tous les passages extraits du Rapport du Jury de l'Exposition indiquée, sont marqués par des guillemets.

« Les mêmes fabricans ont mis à l'exposition du *casimir noir* de la première beauté, qui réunit toutes les qualités d'agrément et de bonté qu'on recherche dans cette sorte d'étoffe ».

Par ordonnance du 17 novembre 1819, S. M. a conféré à M. Bacot père, la décoration de la Légion d'Honneur.

MM. *Brincourt*, père et fils et compagnie, fabricans à Sedan, sont cités dans les passages des Notices dont le rapport du Jury suppose la connaissance, comme ayant les premiers introduit à Sedan les *machines à lainer*. (Exposition 1806.)

MM. *Bridier* frères, de Sedan : draperie, (mention honorable, exposition 1819). *Casimir noir* moelleux et très-bien fabriqué.

M. *Chardron*, d'Autrecourt (médaille de bronze, exposition 1819), a présenté de la *laine parfaitement filée* à son établissement d'Autrecourt. Cette filature contribue beaucoup à la perfection des *casimirs* fabriqués à Sedan.

M. *Chayaux*, de Sedan, (médaille d'argent, exposition 1819) a présenté des *draps noirs* très-bien fabriqués et d'un prix modéré.

M. le baron *de Contamines*, de Givet, (mention honorable, exposition 1819) *fils de laiton*, bien fabriqués et de bonne qualité.

M. *P. J. Estivant*, de Givet, (médaille d'argent, exposition 1819) a présenté des *colles-fortes* d'une très-bonne qualité (exposition 1806, médaille d'argent). Les colles qu'il a exposées en 1819 sont d'une qualité supérieure; le Jury lui décerna une nouvelle médaille d'argent.

M. *Estivant de Braux*, de Givet, (médaille d'argent, 1.re classe, exp. 1806) a envoyé de la *colle-forte* d'une belle transparence et d'une bonne qualité.

M. *Fesnaux* a obtenu une médaille d'argent du gouvernement pour son établissement relatif à *l'amélioration de l'espèce des chevaux.* — 1820.

M. *Froment*, de Rhetel, (mention honorable, exposition 1819) a présenté un *tissu-mérinos* très-égal et point barré à la teinture.

Fromelenne (la Manufacture naissante de) fondée par M. le baron *de Contamines*, pour *laminer le fer, le zinc ;* et qui donne de grandes espérances.
Citation au rapport du Jury, à la distribution des prix décennaux, 1810.

M. *Lapie*, de Charleville, (mention honorable, exposition 1819.) *fourchettes en fer et acier poli*, d'une belle exécution.

M. *Lefebre-Millet*, de Renvez, *bon-*

neterie de laine (médaille de bronze, exposition 1819).

Les bas de laine qu'il a envoyés sont d'un prix extrêmement modique et à l'usage de la classe peu riche. Ils sont fabriqués dans les campagnes; le travail en est bon.

M. *Lemoine-Desmarres*, de Sedan, (mention honorable, exposition 1819).

Casimirs noirs bien drapés et d'excellente fabrication.

MM. *Leroy* et *Rouy*, de Sedan, (mention honorable, exposition de 1801).

Pour la belle fabrication d'une pièce de *casimir* et d'une pièce de *drap*, faites avec de la laine des mérinos de Rambouillet.

Nota. MM. *Huzard* et *Tessier* avaient ordonné que la laine serait laissée pendant deux ans sur quelques animaux. Au bout des deux ans la toison pesait deux fois celle que les animaux avaient donnée, lorsqu'on les tondait chaque année. C'est avec cette laine qu'a été fabriquée la pièce de casimir exposée par MM. Leroy et Rouy.

Monthermé (la Verrerie de) (mention honorable, exposition 1806).

Le *verre à vitre* préparé par cette manufacture, a très-bien soutenu les épreuves les plus fortes et les plus décisives.

La même Verrerie a présenté un grand cylindre et une calotte sphérique en verre qui, par la beauté de la matière, les difficultés et la réussite de la fabrication, lui font le plus grand honneur.

M. *Poupart de Neuflise* (le baron), Paris : *la Tondeuse*. (Médaille d'or, exposition 1819.)

M. *Sevenne* (Auguste), négociant à Paris;

M. *Collier* (John), ingénieur mécanicien;

Ont exposé une machine à tondre les draps, nommée la *tondeuse*. Cette machine est mise en action par un moteur appliqué à une manivelle; elle peut être mûe à bras, ou par un manège, ou par un cours d'eau, ou par une machine à vapeur. Le drap est tondu par une action continue et sans interruption. L'opération de la tonte est exécutée avec une célérité extraordinaire.

Le Jury a sous les yeux les déclarations délivrées par dix Manufacturiers d'Elbeuf qui emploient la tondeuse dans leur fabrication. Depuis qu'ils connaissent cette machine, ils ont renoncé à tous les autres moyens de tonte; ils se louent de la célérité de son travail, et de la beauté de l'ouvrage qu'elle exécute.

M. *Poupart de Neuflise* (le baron J.

Alexandre), manufacturier; décoration de la Légion d'honneur à l'occasion de l'exposition 1819;

Pour encourager les progrès de l'industrie manufacturière auxquels le sieur Poupart a concouru puissamment par son exemple et par son activité, et reconnaître les services qu'il a rendus depuis plusieurs années au département des Ardennes, dans les fonctions de membre du conseil-général de ce département.

Rethel (la Fabrique de); (mention honorable, exposition 1806.)

Ses *casimirs* ont paru de bonne qualité et propres à écarter pour toujours les casimirs étrangers de la consommation nationale.

M. *Rouyer* et compagnie, de Carignan; (mention honorable, exposition 1819.)

Fer-blanc d'une exécution satisfaisante et d'une bonne qualité.

Sedan (la Fabrique de) citée honorablement au rapport du Jury, exposition 1806).

Sedan a fourni une grande variété de draps de la plus belle qualité, capable de soutenir la comparaison avec ce que cette ville a fourni de plus parfait aux époques antérieures à 1789. Le Jury a même reconnu que ces draps si estimés pour la souplesse et l'agrément, ont encore acquis sous ce rapport; il attribue cette amélioration au perfectionnement de la filature et des préparations.

Même Fabrique. *Draps fins* (médaille d'argent, 1.re classe, exposition 1806).

Plusieurs Fabricans de Sedan ont présenté des *draps superfins et fins* qui auraient concouru pour les médailles si le Jury n'avait pris la résolution de n'en plus accorder à ceux qui en auraient obtenu précédemment pour le même sujet.

Même Fabrique. — *Casimirs*. — Mention honorable, exposition 1806.

M. *Pierlot* a obtenu une médaille d'argent du gouvernement, pour son établissement relatif à l'*amélioration de l'espèce des chevaux.* — 1820.

M. *Poulain*, de Boutancourt, (mention honorable, exposition 1819).

Fer métis, fondu, platiné et laminé.

M. *Poupart de Neuflise*, de Sedan, (médaille d'argent, 1.re classe, exposition 1806).

Le même, *casimirs* bien fabriqués, fins, beaux et capables de soutenir la comparaison avec les casimirs les plu estimés fabriqués à l'étranger.

Le même, *Filature de laine*. Une mention honorable. Distribution des prix décennaux, 1810, pour sa filature de laine.

Le même, et fils (médaille d'argent, exposition 1819), a présenté des pièce de *drap bleu* et de *drap vert* qui ont été trouvés fort beaux.

2*

M. de Neuflise a aussi présenté deux pièces de *casimir noir*; l'une, teinte en laine; et l'autre, teinte en pièce. Ces casimirs ont été jugés de première qualité.

Saint Quirin (Meurthe), Monthermé (Ardennes) et de Cirey (Meurthe) (La compagnie des Manufactures de) ayant son dépôt à Paris. *Verres à vitres.* Une médaille d'argent à l'exposition de 1819.

MM. *Ternaux* frères, manufacturiers à Louviers (Eure), Sedan, Reims et Ensival; *draperies fines*, dépôt à Paris, place des Victoires, n.° 17. (médaille d'or, exposition 1801.)

Leur fabrication est la base d'un grand commerce; elle est variée depuis les espèces les plus communes jusqu'aux plus fines; ils ont exposé des draps superfins très-beaux. Les *casimirs* présentés au concours ont paru aux membres du Jury, supérieurs à tous ceux qu'ils ont vus jusqu'ici dans le commerce. La pièce jugée la plus belle a été fabriquée par les frères Ternaux. Ces manufacturiers ont, en outre, exposé des draps superfins très-beaux.

Les mêmes. — Exposition 1802.

Leurs draps de Louviers sont de la plus grande beauté. Ils ont présenté deux pièces de draps de Vigogne d'un très-grand effet. Leur fabrication de Sedan n'est pas moins remarquable; il est difficile de voir des draps mieux exécutés que les draps noirs et blancs qu'ils ont exposés.

Les mêmes. — Exposition 1806.

Les draps superfins et fins fabriqués par MM. Ternaux, dans leurs diverses manufactures, vont de pair avec ce qu'il y a de plus estimé dans le commerce.

Au mérite de parfaitement fabriquer les étoffes connues, MM. Ternaux joignent celui d'en avoir composé de nouvelles, soit d'après leurs propres combinaisons, soit d'après l'exemple des étrangers; c'est ainsi qu'en fabriquant sur un simple échantillon venu d'Angleterre, l'étoffe appelée *duvet de cygne*, ils sont parvenus à supplanter, pour cet article, les fabricans anglais, partout où ils ont été en concurrence avec eux, même à l'étranger. Ils ont récemment inventé de nouvelles étoffes auxquelles ils ont donné les noms de *sati-draps* et de *sati-vigognes*, qui sont douces, légères et d'un effet agréable. Enfin, ils sont parvenus à fabriquer, avec la laine de mérinos, des schals d'une grande finesse et qui jouent le cachemire.

Les mêmes. (Distinction honorable, distribution des prix décennaux, 1810).

MM. Ternaux sont chefs de vingt-un établissemens qu'ils ont formés soit en France, soit en Italie, et qui entretiennent plus de douze mille ouvriers, dont la majeure partie, femmes et enfans, fabriquent des draps et des schals bien connus dans le commerce, et qui touchent à une grande perfection. Ils ont employé pour ces diverses étoffes un nouveau genre de filature de la laine peignée, qui, suivant leur assertion, n'a pu encore être ni exécutée ni même devinée en France. La machine donne au fil une plus grande finesse et plus d'égalité, en abrégeant le temps et diminuant le prix de la main-d'œuvre. MM. Ternaux, qui veulent faire mouvoir cette machine par l'eau, ont déjà dans leurs divers ateliers un grand nombre de machines hydrauliques. On voit dans leur maison d'Auteuil, le seul établissement complet qui existe encore en France, à l'imitation de ceux d'Espagne, pour le treillage et le lavage des laines mérinos.

MM. *Toussaint* père et fils (Manufacture de), de Raucourt, (mention honorable, exposition an 1802) ont présenté des *boucles en acier poli*, et d'autres quincailleries d'une exécution qui mérite des éloges.

M. *Vachot* a obtenu une médaille d'argent du gouvernement, pour son établissement relatif à l'*amélioration de l'espèce des chevaux*. — 1820.

MM. *Vermond* frères, fabricans de cuirs, à Mézières (Ardennes), *tannage*; (médaille de bronze, exposition de 1802) ont présenté des *cuirs* de bonne qualité et bien tannés.

LETTRE QUATRIÈME.

La Hollande tirait autrefois des *Ardennes* ses bois de constructions navales. Les cendres minérales sont abondantes dans ce département. Les Ardennes sont couvertes de coquillages et de diverses pétrifications; on n'y peut faire un pas, non plus que dans tous les lieux où la pierre calcaire est abondante, sans se rappeler l'étrange assertion de Voltaire qui répondait très-sérieusement à Buffon que les coquillages maritimes épars sur le globe ne prouvent point que la terre ait jamais été couverte d'eau, et que ces coquillages ont été semés çà et là par des pélerins de saint Jacques.

Il existe sur un monticule qui domine Signi-l'Abbaye, un petit lac (la fosse au mortier) très-remarquable et qui, sans être alimenté par aucune rivière, garde toujours la même hauteur. On croit que c'est le cratère d'un volcan éteint depuis plusieurs siècles : soixante brasses de corde n'ont point suffi pour le sonder. Le fermier qui habite près de cet étonnant puisard est obligé d'y faire abreuver ses bestiaux ; et l'un de ses enfans, entraîné par les chevaux du char qu'il voulait arrêter, a été englouti dans ce gouffre.

Quelques monumens celtiques existent encore dans les Ardennes. On trouve près de lieux appelés *Autels*, des haches faites de silex qui peut-être ont servi aux sacrifices des Druïdes. Le conquérant des Gaules a laissé dans les Ardennes des traces qui devaient attester sa présence aux siècles les plus reculés. Des redoutes, des retranchemens révèlent les lieux où *César* a campé; le mont Jules perpétue le souvenir d'une victoire. De belles chaussées romaines traversent ce pays, dans lequel on a aussi trouvé des tombeaux couverts d'inscriptions latines, et des médailles grecques et romaines. C'est dans les Ardennes, et non à Vong, que *Clovis* fut instruit par saint Remi, qui venait de Reims jusqu'à la crête. Le village le plus rapproché du château du roi est appelé aujourd'hui, par corruption, Viel Saint Remi, *vicus sancti Rhemigii.*

Charlemagne venait, d'Aix-la-Chapelle, dans plusieurs maisons de plaisance des Ardennes; là, il consommait les revenus de ses domaines (alors payés en nature); quelques-unes de ces propriétés ont appartenu depuis aux monastères d'Aix.

Les abbayes de Carignan et de Signi-la-Chartreuse et d'autres monastères des Ardennes, ont été justement célèbres.

De nombreux monumens du moyen âge se trouvent aussi dans cette contrée; leurs donjons, leurs créneaux en ruine présentent au voyageur l'aspect le plus pittoresque. La ville de Mézières fut le théâtre de la gloire du Chevalier sans peur et sans reproche. La piété et la reconnaissance des habitans célèbrent chaque année la mémoire de leur brave défenseur (1). Le souvenir de la victoire du grand Condé ne leur est pas moins cher; vous savez, Madame, qu'elle fut remportée dans une plaine immense et stérile qui avait besoin que la gloire des armes l'illustrât. Ainsi, la providence console des régions que la nature a délaissées; souvent une croyance religieuse, le souvenir d'une action mémorable attirent dans un

---

(1) Quand l'Ardennois voit son cheval en danger de succomber, s'il manque de force ou d'audace, il l'encourage à vaincre le péril en s'écriant : *Bayard!* Alors, les échos des bois répètent : *Bayard!* et de tous côtés les paysans effrayés jettent leurs faucilles, jusqu'à ce que le cliquetis du fouet annonce que le cheval est vainqueur aussi.

canton la foule des fidèles ou des curieux; et l'or du voyageur dédommage les habitans de l'ingratitude du sol qu'ils cultivent.

Le portail de l'église de *Rocroy* est dans un état de vétusté qui fait craindre d'en approcher. La place d'armes de cette ville est spacieuse. On trouve plusieurs ardoisières entre Rocroy et Charleville.

Charleville occupe la place du village d'Arches, *Arcæ Remoni*, connu dès le temps des Carlovingiens, et dans lequel il y avait un palais royal où Charles le Chauve et Lothaire s'abouchèrent en 859. On voit sur le mont Olympe les ruines d'un vieux château; en 1636, Louis XIII y fit bâtir une citadelle qui fut démolie en 1688. Cette ville a été bâtie par Charles de Mantoue. Elle est d'une régularité parfaite; on ne pourrait que louer l'étendue symétrique de la place ducale, si les arcades n'étaient interrompues à l'une des faces, par un palais qui n'a point été achevé. Vous connaissez, Madame, la jolie promenade du petit bois sur le bord de la Meuse, qui coule au pied du mont Olympe.

Le commerce prend chaque jour plus d'activité dans cette ville, dont les habitans sont connus par leur politesse, et surtout par leur piété.

LETTRE CINQUIÈME.

La ville de *Mézières* est située dans une presqu'île formée par la Meuse, sur laquelle elle a deux ponts. L'église paroissiale est voisine de la citadelle; vous y remarquerez la hauteur de ses voûtes et de son portail. La société d'agriculture de Mézières vient d'être rétablie par les soins de M. le vicomte Harmand d'Abancourt, magistrat éclairé et ami des lettres et des arts.

Sedan est une place importante et l'une des clefs du royaume. Cette ville appartenait aux archevêques de Reims; elle passa dans la maison de La Marck et, par mariage, dans celle de La Tour d'Auvergne. Maurice, duc de Bouillon, céda cette souveraineté à Louis XIII. Cette ville est très-habitée, les maisons y sont presque aussi élevées qu'à Thionville. C'est dans le château de Sedan que Turenne vit le jour en 1611; le concierge de ce château montre, comme des reliques vénérables, les armures complètes de Godefroy de Bouillon; de Bayard, etc. Nous avons bien dégénéré, si ces armes ont appartenu à ces héros. Alexandre voulut aussi exagérer la taille de ses guerriers; il croyait ajouter par-là à la renommée de ses Macédoniens, mais il diminuait réellement leur gloire. Le conseil général du département des Ardennes a disposé d'une somme de 1400 fr. pour concourir à l'érection de la statue de Turenne, sur celle des places publiques de Sedan qui porte le nom de ce grand capitaine. M. de Guerville, maire de Sedan, s'est donné beaucoup de soins pour faire terminer le dessin et arrêter le devis de ce monument, qui sera exécuté par M. *Gois*. Sedan possède depuis le dix-septième siècle une des trois célèbres manufactures françaises de draps (1).

La petite ville de *Carignan* n'est formée que d'une rue extrêmement longue. Il y a de belles maisons et de magnifiques jardins dans le village de Balan. La ville de *Stenay* fut cédée à la France, par les ducs de Lorraine, en 1641. Le roi la donna depuis à la maison de Condé. En 1654, Louis XIV prit Stenay, et en fit raser les fortifications qui ont été rétablies.

La ville de *Givet* a de belles casernes, dans lesquelles on garda, pendant la dernière guerre, des prisonniers anglais qui firent des efforts inouïs pour s'évader.

La ville de *Rethel* occupe la place d'un fort appelé, par César, *castrum retectum*. Dès le temps de Clovis, saint

---

(1) Voyez, pour la partie industrielle de cette Ville et de tout le Département, Lettre 3.ᵉ, pag. 24 et suiv.

Arnould est qualifié comte de Rethel. En 1663, Rethel fut érigé en duché-pairie, en faveur de Charles de la Porte qui avait épousé Hortense Mancini, nièce du cardinal Mazarin qui lui-même avait acheté le duché de Rethel, dont la première érection a été faite par Henri III, en 1581. Plusieurs de nos rois ont habité le Rethelois; ils aimaient surtout *Attigny*, bourg célèbre par quelques conciles, et par la pénitence publique mais libre de Louis le Débonnaire, *spontaneam pœnitentiam*. Attigny est le chef-lieu de la vallée du bourg où l'Aisne serpente, et qui est couverte de bois et de pâturages. *Clovis II* y avait fait élever un palais; *Wittikind* y reçut le baptême.

M. Bouillard, notaire royal à Attigny, s'occupe d'un projet pour l'organisation du notariat en France; le travail de cet habile jurisconsulte jettera certainement un nouveau jour sur cette matière importante.

Les Ardennois sont très-hospitaliers: on les a comparés aux habitans de plusieurs cantons de la Suisse. Il est vrai que, sous quelques rapports, leurs mœurs se rapprochent de celles des Suisses.

La bienfaisance de plusieurs propriétaires de ce département vous inspirera de la vénération; plusieurs d'entr'eux soulagent toujours les malheureux et rebâtissent souvent la chaumière du pauvre. Des actions aussi louables sont rares aujourd'hui, car nos Turcarets ne connaissent guère la pitié. Je ne puis vous parler de propriétaires recommandables par leur bienfaisance, sans citer M. Durand, membre de la société royale de Mézières.

On voyait avec peine de pauvres habitans des Ardennes renoncer à leurs mœurs simples, mener une vie vagabonde, et braver les plus grands périls pour entrer en fraude des marchandises prohibées; mais la plupart des malheureux qui s'étaient livrés à ces désordres reprennent leurs travaux ordinaires. Les Ardennois passent leur vie à disputer aux animaux sauvages l'empire des bois, ou à arracher les métaux à la terre ; ils doivent être belliqueux, mais ils ne sont point durs. Il est vrai, Madame, que vous pouvez opposer à ma défense l'histoire de ce cultivateur du Faluel, moderne *Barbe-bleue*, qui attelait sa femme à la charrue lorsque son cheval avait besoin d'aide. . . .

L'habitant du nord de la Champagne est sensible, brave et laborieux ; il ne connaît point ce partage que l'antiquité fit des talens de la guerre et des arts de la paix. Dans ces forêts, où nous contemplons avec respect des temples antiques où les premiers chrétiens adoraient en secret le Dieu vivant, la parole du Seigneur porte toujours l'espérance dans le cœur du juste et glace encore d'effroi l'audace du méchant. On aime à retrouver là des mœurs patriarcales : M. Delvincourt, provicaire de l'archevêque de Reims, M. Damery, curé de Mézières, M. Beuret, M. Lecomte, et M. Cousinard, donnent l'exemple de la bienfaisance ; ces respectables ecclésiastiques sont chéris de leurs paroissiens, dont ils deviennent souvent les conseils et les protecteurs.

Le rétablissement de l'archevêché de Reims rend à ce siége antique le département des Ardennes. Il existe à Charleville un séminaire composé de cent dix-sept élèves, dont quarante-quatre théologiens, ressource précieuse pour le nouvel archevêque. Les sœurs de la charité tiennent des hospices à Charleville, à Sedan, à Mouzon et deux à Rethel. Les sœurs de Saint-Charles, dont le chef-lieu est à Nancy, ont deux hospices à Mézières, et un à Château-Porcien ; les sœurs de Sainte-Chrétienne, dont le chef-lieu est à Metz, ont des écoles à Rethel, à Thugny, à Mézières, à Fumay, à Rocroy, à Renvez, à Beaumont, à Donchery et à Sedan; et les religieuses de la Providence, dites de Sainte-Sophie, tiennent un pensionnat nombreux à Charleville. M. l'abbé Delvincourt vient de rétablir les religieuses du Saint-Sépulcre.

LETTRE SIXIÈME.

La chasse est l'occupation favorite des propriétaires de votre province, Madame.

La chasse est le premier art enseigné aux hommes (1); par elle on garantit les troupeaux des animaux carnassiers; on empêcha les animaux sauvages de ravager les moissons; on trouva aussi dans la chair de quelques-uns, un aliment, et dans la peau de la plupart d'entr'eux, un vêtement.

La chasse a nourri tous les peuples sauvages. Le chasseur, disent les poè-

---

(1) Benedixitque illis Deus, et ait : « Domi-
» namini piscibus maris, et volatilibus cœli; et
» universis animantibus quæ moventur super
» terram. Et omne quod movetur et vivit, erit
» vobis in cibum : quasi olera virentia tradidi
» vobis omnia ». *Genesis, cap.* 1, 2, 8; *et
cap. IX*, 3.

tes, invoquait, en partant, Diane, déesse des bois, et lui sacrifiait au retour l'arc, la flèche et le carquois. Pollux dressa le premier des chiens à la chasse; et Castor des chevaux à courre le cerf. Apollon apprit cet art à Chiron, qui eut ensuite pour élèves la plupart des héros de l'antiquité. Plutarque peint bien le sentiment qui fit naître la chasse : « Thésée, dit-il, combattit la phaye de Crommion, et la tua en chemin faisant; afin qu'on ne crût pas que la nécessité seule lui fit entreprendre tout ce qu'il exécutait, et persuadé d'ailleurs que l'homme de bien doit combattre les méchans pour se défendre seulement de leurs outrages, mais qu'il est obligé de chercher les bêtes les plus courageuses et de les attaquer le premier ».

Les Perses, les Grecs et les Romains ont fait de la chasse un divertissement. On voit dans les Antiques, les empereurs mêmes, le *venabulum* (espèce de lance) à la main. Les anciens chassaient aux quadrupèdes et aux oiseaux avec l'arme, le chien et le faucon; ils forçaient des animaux à la course; ils les tuaient avec la flèche et le dard; ils les surprenaient quelquefois dans des embûches; les anciens allaient enfin au fond des forêts attaquer les plus farouches; ils en enfermaient aussi dans des parcs, ou les poursuivaient dans les plaines.

La chasse est devenue moins commune lorsque les peuples se sont civilisés. « La chasse et l'agriculture, dit Saluste, sont des occupations serviles ». De son temps, les Romains ne regardaient plus la chasse comme une image de la guerre, car ils abandonnaient aux esclaves cet exercice avili.

Les guerres que plusieurs souverains d'Afrique font aux lions et aux tigres de leurs déserts, et celle qui a détruit les loups de l'Angleterre, peuvent être citées comme des chasses célèbres.

La plupart des législateurs ont été contraints de réprimer la fureur de la chasse. Solon, voyant que les Athéniens négligeaient les arts mécaniques pour s'adonner à cet exercice, le défendit au peuple. Chez les Romains, il était permis de chasser, soit dans ses fonds, soit dans celui de son voisin, quand il ne s'y opposait pas (*Inst. lib.* 11, *tom. I*).

Dès le commencement de la monarchie de nos rois, les nobles évitaient l'oisiveté et la mollesse qui auraient pu les surprendre durant la paix, et conservaient l'humeur martiale qui les distinguait à la guerre, en s'adonnant aux plaisirs de la chasse: Nos princes créèrent dès-lors les charges de maîtres-veneurs et de forestiers.

La loi salique prononçait des peines contre ceux qui tueraient un cerf ou un sanglier qu'un autre chasseur poursuivrait. La même loi semble supposer que la chasse était encore permise à toutes sortes de personnes; on ne sait en quel temps la liberté de la chasse fut restreinte. Les forêts étaient défensables sous la seconde race de nos rois. Les Capitulaires de Charles-le-Chauve désignent les forêts où ses commensaux eux-mêmes ne pourraient point chasser. Un concile de Tours, convoqué en 813, défend aux prêtres d'aller à la chasse. Cependant les habitans du bailliage de Revel, étant incommodés des bêtes sauvages, obtinrent de Charles V la permission de chasser, *etiam cum rameriis*, aux sangliers, etc., soit dans leurs bois, soit dans la forêt de Vaur. En 1538, François I.er érigea certains cantons en capitaineries royales; il établit aussi des louvetiers dans chaque province.

La chasse est défendue depuis le premier mars jusqu'au premier septembre, pour donner au gibier de toute espèce le temps d'élever les petits pendant les mois d'été. La chasse est utile à la conservation des forêts et des moissons; mais l'abus de la chasse nuit singulièrement à la prospérité de l'agriculture; et les chasses meurtrières, dans lesquelles on massacre le gibier sans distinction, en détruisent l'espèce. La chasse entretient une oisiveté nuisible chez les enfans des cultivateurs. C'est surtout dans les cantons où il y a peu de gibier qu'ils désirent chasser. Quelques propriétaires passent une partie de leur vie à la chasse; ils nuisent ainsi, par des courses prolongées, à la régularité des travaux et aux moeurs du cultivateur. Il serait donc très-utile de diminuer le nombre des licences accordées pour la chasse. Elle doit surtout être interdite aux gardes forestiers, dans l'intérêt de la conservation de nos forêts. Car le forestier le plus attaché à son devoir se trouve naturellement entraîné, par cet exercice, à négliger les soins qui lui ont été confiés; et les bois laissés à sa garde en souffrent nécessairement. Si, au contraire, la chasse lui est interdite, le forestier, je l'avoue, endure une privation pénible, et qui devient pour lui un nouveau supplice de Tantale; mais aussi, rien ne le détourne de ses recherches, de sa surveillance, de son devoir enfin. L'homme qui consacre ses veilles aux besoins de la société, est toujours blâmable de se livrer trop souvent aux plaisirs de la chasse : cet exercice convient surtout aux hommes qui, appelés à défendre l'État, ne peuvent perdre, pendant la paix, les habitudes guerrières qu'ils ont prises dans les camps: «Car, dit Xénophon, la chasse influe sur les travaux militaires ».

La chasse est le seul amusement qui fasse diversion entière aux affaires, le seul délassement sans mollesse, dit Buffon. Les herborisations offrent des jouissances plus douces; elles isolent aussi, mais elles font penser davantage. Les courses botaniques conviennent surtout aux dames : elles possèdent l'esprit d'observation à un plus haut degré que les hommes. Après une pénible recherche, lorsqu'elle a bravé l'ardeur du soleil, et que sa légèreté a trompé la rudesse du roc écailleux, la jeune fille tressaille de plaisir en apercevant la fleur désirée ; surprise, elle admire la majesté du végétal, la grâce de ses corolles, et la vivacité de leurs couleurs. Cependant, elle hésite, elle craint d'enlever à Flore un trésor qu'elle semblait avoir dérobé aux regards des mortels; mais la timide plante baisse humblement sa tête magnifique, en offrant à la nymphe une victoire facile. Quelques dames herborisent dans plusieurs cantons de votre province ; je connais même une jeune demoiselle qui a enrichi la *Flore champenoise.* Le jeune chasseur peut aussi devenir botaniste : il le devient souvent dans sa vieillesse, car les herborisations sont la chasse des vieillards.

La chasse est le jeu de l'agriculture. Pour être bon chasseur, il faut avoir reçu de la nature, un tempérament à toute épreuve; on remarque cependant que la plupart des hommes faibles veulent être grands chasseurs : cet exercice violent et tumultueux leur fait oublier leur faiblesse, parce qu'ils croient qu'il la déguise aux autres. Quelques dames vont à la chasse avec beaucoup de courage et d'adresse; les femmes cependant, vous le savez, Madame, se livrent rarement ici aux plaisirs bruyans des hommes, mais elles partagent plus souvent leurs travaux les plus pénibles. J'ai vu l'humble fille du laboureur, éclatante d'innocence et de beauté, aller au-devant de l'aurore en domptant un cheval indocile, et sur cette terre, pâle encore des ombres de la nuit, tracer en hésitant un sillon mal assuré.

LETTRE SEPTIÈME.

Les sarrazins tiennent lieu de forêts dans une partie du département de la Marne, où l'on conserve les tiges de blé noir pour se chauffer pendant l'hiver. Là on devrait planter des bois, car alors le bétail trouverait des pâturages, et les cultures moins étendues rapporteraient davantage. Le sol aride de ce département commence à se couvrir de plantations et de futaies de pins silvestres. Les terres de la Champagne sont crayeuses; elles ont besoin de tout le secours des engrais pour produire le froment. Aussi voit-on des seigles dans toute la province : ce qui fait appeler les menus grains, des Champagnes. Cependant cette disposition n'est générale qu'aux Loges; ce canton est le plus pauvre de la province, et peut-être de toute la France. De ce malheureux pays on voit de loin la Marne promener ses eaux bourbeuses.

L'empereur Aurélien défit Tréticus auprès de Châlons, *cædes Catalaunica;* Ammien Marcellin nomme Châlons entre les belles villes de la seconde Belgique.

La ville de Châlons bâtie sur la Marne entre deux prairies, formait autrefois un comté mouvant directement de la couronne, et possédé par son évêque, investi du titre de grand vassal ; il battait monnaie et réunissait l'autorité ecclésiastique, civile et militaire. Il avait un vidame qui remplissait pour lui ces deux dernières fonctions. En 643, cette ville fut brûlée par Herbert II, comte du Vermandois. La cathédrale de Châlons fut consacrée en 1147, par le pape Eugène III, assisté de dix-huit cardinaux et de saint Bernard, qui prêcha dans le Jard. Bâtie en 1520, cette église fut brûlée en 1668, et reconstruite en 1672.

La route de Châlons à Arcis est très-belle et plantée d'ormes et de noyers; mais les campagnes qui l'environnent ne sont pas très-fertiles; le fond n'est composé que d'un caillou très-dur qui sert à ferrer très-solidement la chaussée, mais qui forme des champs bien arides.

Le passage de *Jeanne d'Arc* en Champagne fut une course triomphale; elle conduisit le roi à Châlons, et sa présence excita des transports de joie (1429). Charles VII reçut là les députés de la ville de Reims.

L'académie de Châlons est célèbre. La société d'agriculture qui a succédé à cette compagnie, a singulièrement contribué à l'avancement de l'agriculture du département. L'école royale des arts et métiers de Châlons est digne de l'attention des philantropes.

A Courtisols, le soir des noces, qui toutes se font au printemps dans les granges dégarnies de gerbes, les mariés distribuent aux convives, au moment où ils se retirent, deux gâteaux formés en double nœud. Une cérémonie remarquable a lieu dans le même bourg le surlendemain d'un décès : les parens portent le linge lessivé du défunt, au bord de la rivière; chaque voisine, les barbes de la coiffe pendantes, s'y rend, frotte quelques pièces de linge, les bat, les lave et s'en va; plusieurs se succèdent jusqu'à la fin de l'ouvrage qui dure ordinairement depuis le matin jusqu'à midi.

Sous Clovis, Eperney n'était qu'un château fortifié, habité par Eulage à qui le prince pardonna sa révolte à la prière de saint Remi. Eulage donna son château à l'église de Reims en reconnaissance de ce bienfait; et, durant les ravages des Normands, Hincmar y déposa le corps du saint. La ville d'Eperney fut prise par Henri IV, en 1594; c'est là que le maréchal de Biron fut tué au moment où le roi avait la main sur son épaule. Vous êtes, sans doute, descendue, Madame, dans les caves immenses d'Eperney : elles sont construites en labyrinthe et taillées dans la craie.

Sézanne était fondée avant la fin du sixième siècle, et sujette alors à Hugues, seigneur de Brèques. Cette ville fut réduite en cendres, en 1632.

Le village de Vitri-le-Brûlé, sur la Saulx, a été une ville considérable. Louis le jeune, étant en guerre contre Thibaut, prit Vitri; ses soldats mirent le feu à l'église qui fut consumée, et dans laquelle treize cents personnes innocentes périrent d'une manière affreuse, dit Mézerai. Il fut en partie incendié par Jean de Luxembourg, et totalement ruiné par les troupes de Charles-Quint, en 1544. François I.er le fit rebâtir à une demi-lieue plus loin, et cette nouvelle ville prit le nom de Vitri-le-Français.

La ville de Sainte-Ménéhould, *sanctæ Manechildis fanum*, servit de retraite aux princes de Condé et aux ducs de Bouillon et de Nevers, en 1614. Cette ville est bâtie dans un marais, entre deux rochers; ses fortifications ont été démolies. Un incendie, en 1719, a comblé son désastre.

La ville de *Reims* a pris son nom des peuples (Remi); mais elle s'appelait Duroncourt en langue gauloise. L'Itinéraire d'Antonin et la Carte de Pentinger l'appellent *Durocortorum*. Les Rémois étaient les plus puissans des peuples de la Gaule-Belgique, après les OEdui. Cette ville tenait à Rome par un des grands chemins de l'empire; elle était des plus fidèles alliés des Romains: *Remi Romanorum amicissimi*, dit César. Sous les empereurs, il y avait à Reims une manufacture où l'on dorait les armes impériales. Lorsque Constantin créa une nouvelle Belgique, il lui donna encore la ville de Reims pour métropole.

L'arc de triomphe, trouvé sous les remparts de cette ville, est composé de trois arcades d'ordre corinthien avec des colonnes cannelées, et dont les voûtes sont ornées de bas-reliefs. L'arcade de Remus et de Romulus fut déterrée en 1595; celle des saisons indique la réformation du calendrier par César. On croit que cet édifice fut érigé en son honneur, lorsque, sous l'empire d'Auguste, on fit les chemins des Gaules, parce qu'ils aboutissaient à ce monument et à un autre arc de triomphe appelé la porte rasée. Ce beau morceau d'antiquité avait été enterré sous les remparts de Reims. On voit aussi près de cette ville les vestiges d'un amphithéâtre. Neuf cents manuscrits précieux furent consumés par les flammes dans l'incendie qui embrasa l'abbaye de Saint-Remi.

LETTRE HUITIÈME.

Le département de la Marne est tiré de la Champagne propre, du Châlonnais et du Rémois. Sa superficie est de huit cent dix mille sept cent quatre-vingt-neuf arpens métriques. Sa population de trois cent onze mille dix-sept habitans. Les rivières navigables du département sont la Marne, de Saint-Dizier à la Seine; l'Aube, qui traverse une très-petite partie du département; l'Ornain et la Saulx ne sont que flottables.

Quarante-neuf exploitations de pierres meulières, argiles noirâtres et grises, excellentes pour la poterie, grès à paver, pierres de taille, tourbières considérables; huit sources minérales; oignons cultivés en grand; plus de quinze mille hectares de vignes donnant d'excellens vins de Champagne, parmi lesquels on distingue les blancs de première classe de Mareuil, Dizy, Hautvillers, Silléry, Ay, Pierry, Éperney, etc.; et les rouges, aussi de première classe, de Versenay, Bonzy, Taisy, Cumières, Hautvillers, Mareuil, Verzy, Mailly, Saint-Basle, du clos de Saint-Thierry, Dizy, Éperney, etc. Sainte-Ménéhould et ses environs sont couverts d'arbres fruitiers à pepins et à noyaux; les melons de Châlons sont renommés; quatre-vingt-quatre hectares de forêts peuplées surtout de chênes, charmes, bouleaux, frênes, trembles, ormes, hêtres et tilleuls; de bonnes prairies sur le bord des rivières, des prairies artificielles connues depuis cinquante ans. Les étangs et les rivières sont poissonneux; beaucoup de volailles et d'abeilles. Telles sont les productions principales de ce département, celui de tous qui compte le plus de mérinos et de métis. On y prend fréquemment l'ortolan, le rale de genet, et souvent la gélinote.

On trouve dans le département de la Marne des clouteries et des verreries considérables ; six exploitations de cendres sulfureuses sur quatre communes ; cinq papeteries ; des bruleries d'eau-de-vie ; des vinaigreries ; cent quarante-trois moulins à huile ; six fabriques de savon noir à Reims ; fabrique de bonneterie de coton et tannerie à Châlons ; une filature hydraulique de laine et tissage de draps fins et d'étoffes légères à Reims ; des manufactures de bougies et d'étoffes communes à Suippe ; un bel établissement de carbonisation du bois par distillation à Dormans : beaucoup de communes ont leur genre d'industrie particulier. Châlons est l'entrepôt des bois que dirigent sur Paris les départemens voisins. Reims soutient la concurrence avec la manufacture anglaise ; cette ville fabrique aussi une grande quantité de couvertures de laine. Les habitans des environs de Fère-Champenoise font un commerce de roulage et d'échange ; ceux de Courtisols, qui excellent dans la culture de leur mauvais sol, spéculent aussi sur les graines grasses et les huiles.

M. *D'Autreville*, de Châlons-sur-Marne, a obtenu une mention honorable, à l'exposition de 1819, « pour la bonne qualité de la *bonneterie de coton* qu'il a exposée ».

MM. *Baligot* père et fils, de Reims ; une médaille d'argent à tirer au sort avec la maison *Gensse, Duminy* et compagnie, d'Amiens (expos. 1802).

Parmi les *casimirs* qu'ils ont exposés, le Jury a remarqué une pièce montée en chaîne avec laine de Champagne, et garnie en trame de laine d'Espagne ; le tissu de cette pièce est parfaitement régulier, et le grain supérieur en finesse aux échantillons étrangers. Cette qualité est d'autant plus précieuse qu'on y emploie une laine nationale, et que le prix en est inférieur de plus de 20 pour 100 à celui des mêmes qualités fournies par les manufactures étrangères.

Les mêmes. — *Étamines pour bluteaux.* — (Mention honorable, exposition 1819).

M. *Baligot* (Remi) de Reims, (médaille d'argent, exposition 1819),

A présenté des *étoffes pour gilets*, dont la chaîne est en coton et la trame en laine de mérinos; et qui sont improprement appelés *poils de chèvre*.

Des *Etoffes brochées* aussi pour gilets, et dites *mosaïques*, à cause de leur apparence.

M. *Remi Baligot* a aussi exposé des *casimirs* agréables bien fabriqués, et des *flanelles* qui méritent le même éloge.

Châlons (Fabrique de) *bonneterie en*

coton. — Mention honorable, exposition 1806.

Elle a envoyé des *bas* dans les qualités communes, et des *essais* dans le fin, qui annoncent l'activité et la bonté de cette fabrique.

Châlons-sur-Marne, (École royale des Arts et Métiers) exposition 1806.

M. *Labate*, proviseur; M. *Molard*, directeur des travaux.

Cette école, où les élèves réunissent à la pratique de plusieurs arts mécaniques l'étude des sciences qui y sont relatives, a présenté à l'exposition de 1806, des outils de menuisier, des arbres de tour en l'air, des vilebrequins à boule d'acier et de cuivre assortis, un grand nombre de mèches, des vis à bois et des limes; tous ces objets construits sur les meilleurs modèles, sont exécutés avec un soin qui fait l'éloge du talent des chefs et de l'intelligence des élèves.

La même École royale. — Mention honorable, exposition 1806.

On y a fabriqué des *limes* excellentes bien dures et ne s'égrenant pas.

La même École royale. — Médaille d'or, exposition 1819.

Cette école présenta à l'exposition de 1806 divers objets fabriqués par ses élèves, et qui méritèrent des éloges du Jury.

Elle a exposé cette année (1819) des produits très-variés, parmi lesquels on a remarqué :

1.° Des meubles en acajou, ornés de bronze, qui, pour le goût de la composition et la correction de l'exécution, soutenaient très-bien la comparaison avec les plus beaux meubles exposés par les premiers fabricans de Paris;

2.° Des limes qui, aux épreuves, ont été trouvées de très-bonnes qualités;

3.° Des serrures de sûreté, à secret;

dont le travail est soigné et le mécanisme bien entendu;

4.° Des clefs universelles à tourner les écrous, qui sont construites avec soin, et qui se prêtent à tous les changemens d'ouvertures, sans perte de temps;

5.° Des cymbales et un tam-tam.

Jusqu'à ces derniers temps, le procédé employé par les Orientaux pour la fabrication des cymbales et celle du tam-tam était inconnu; une paire de cymbale se payait jusqu'à 500 fr.; et un tam-tam jusqu'à 6,000 fr.; un des tam-tam fabriqués à l'école de Châlons et qu'elle a exposé, a paru égal pour la force et la durée des vibrations, à celui qui est employé à l'orchestre de l'opéra de Paris, et les cymbales valent les cymbales turques.

On doit à M. *d'Arcet* la découverte des procédés de fabrication des cymbales et des tam-tam, et c'est lui qui les a donnés à l'école de Châlons.

6.° Un moteur à vapeur qui a l'avantage d'être transportable à volonté; l'exécution de toutes les pièces est soignée; les pitons qui sont métalliques ne laissent pas d'issues à la vapeur, et tous les mobiles fonctionnent sans bruit et avec aussi peu de frottement qu'il soit possible;

7.° Une pompe-à incendie très-légère, qui occupe très-peu d'espace et dont le prix est modéré.

Cet ensemble de productions prouve que les arts sont pratiqués avec une grande habileté dans l'école de Châlons; les élèves qu'elle forme répandent, dans les différentes parties de la France, la connaissance des meilleures pratiques des arts, et deviennent très-utiles à l'industrie nationale.

La même école royale, qui a obtenu une médaille d'or pour l'ensemble de ses produits, a exposé des objets d'ébénisteries, ornés de bronze, qui se faisaient remarquer par une exécution parfaite et par le meilleur goût.

Godard Menesson, de Reims (mention honorable, exposition 1819).
Pour de belles *flanelles lisses*.

V.ᵉ *Henriot* l'aîné, de Reims, (médaille de bronze, exposition 1819) a présenté des *flanelles lisses* et des *flanelles croisées* très-belles et jugées dignes d'une médaille de bronze.

MM. *Henriot*, frères, sœur et C.ᵉ, de Reims, (médaille de bronze, exposition 1819) ont exposé des *flanelles lisses* et des *flanelles croisées* de première qualité et de qualité commune supérieurement fabriquées.

Himmer (Joseph), mécanicien chez M. Lucas-Basancourt (médaille de bronze, exposition 1819).
Pour le perfectionnement des *machines à carder* et *à filer* la laine.

M. *Jeandeau*, chef d'instruction de l'école des arts et métiers de Châlons, décoration de la Légion-d'Honneur, exposition 1819.

S. M. a remarqué avec un vif intérêt la beauté des produits exposés au Louvre, par son École des arts et métiers de Châlons; elle a voulu honorer cet établissement et témoigner sa satisfaction au sieur Jeandeau, dont le zèle et les talens ont donné une si heureuse direction aux travaux des élèves.

M. *Jobert Lucas*, de Reims (médaille d'argent).

Cette maison a obtenu une médaille d'argent aux expositions précédentes; elle est hors de concours en 1819, parce que M. Ternaux, l'un des principaux intéressés est membre du Jury. Cependant elle a présenté des produits qui, par leur variété, leur bon goût et leur fabrication, prouvent qu'elle a amélioré toutes les branches de son industrie.

M. *Leblanc Paroissien*, de Reims, (medaille d'argent 2.ᵉ classe, exposit. 1819) a exposé une *machine à tondre les draps* par le moyen des forces ordinaires, qu'un simple mouvement de manivelle fait agir, de la même manière que si elles étaient conduites immédiatement par la main d'un tondeur. On obtient de cette machine une tonte très-régulière; sa conduite n'exige aucun apprentissage. On en compte déjà 86 en activité, tant à Reims qu'à Elbeuf, Abbeville, Durem, Verviers, etc.

M. *Pein*, de Châlons-sur-Marne. (Mention honorable, exposition 1819.)
Pour des *ciseaux* fabriqués au moyen du découpoir et du balancier. Ses prix sont inférieurs à ceux des autres fabricans.

Madame veuve *de Récicourt, Jobert, Lucas* et compagnie, de Reims, (médaille d'argent à tirer au sort avec la maison Lecamus et Pierre-Mathieu

Frontin, de Louviers, exposition (1802).

Cette maison à laquelle les frères Ternaux sont associés, a présenté plusieurs pièces d'une étoffe appelée *duvet de cygne*, qui n'avait pas encore été faite en France; elle a été fabriquée à l'imitation d'échantillons étrangers remis aux frères Ternaux par le Ministre de l'Intérieur. C'est encore dans cette maison qu'ont été fabriqués en laine d'Espagne, des *beaux schals* faits avec tant d'art qu'ils jouent les schals de cachemire.

La même Maison, (exposition 1806).

Cette maison fabrique des *duvets de cygne*, des *toilinettes*, des *flanelles* et des *schals* qui ont beaucoup de succès dans le commerce et soutiennent avec avantage la concurrence de l'industrie étrangère.

Les produits de cette maison présentés à l'exposition sont très-agréables et bien fabriqués; le Jury les aurait signalés pour une médaille d'argent de 1.re classe, si déjà ils n'avaient obtenu cette distinction à une exposition précédente.

Reims (la Fabrique de), *étoffes de fantaisie*, (mention honorable, exposition 1806.)

Silésies, duvets de cigne, toilinettes et autres petites étoffes manufacturées à Reims. Ces étoffes, extrêmement variées et habilement accommodées au goût des consommateurs, sont travaillées avec soin.

La même fabrique. (Mention honorable, exposition 1806.)

Ses *casimirs* ont paru de bonne qualité, et propres à écarter pour toujours les casimirs étrangers de la consommation nationale.

MM. *Ternaux*, de Paris, *Jobert-Lucas* et compagnie, de Reims, propriétaires de la filature de Basancourt, près de Reims (Exposition 1819).

Cet établissement uniquement consacré à la filature, travaille dans les deux genres de laine cardée et de laine peignée; il file pour le public en même temps que pour les fabriques de tissus de ses propriétaires. Il a exposé des *fils* de la première finesse, entr'autres de la laine peignée, filée au n.º 80.

Les *flanelles* les plus belles et les plus fines, qui ont été distinguées par le Jury, sont, d'après la déclaration des fabricans, faites avec des laines filées à Basancourt.

Cette filature a été, en France, le berceau de l'art de filer la laine peignée. Elle aurait eu droit à des distinctions d'un ordre élevé, si M. Ternaux ne se fut mis hors du concours, comme membre du Jury.

M. Ternaux a obtenu de S. M. le titre de Baron, en 1819.

LETTRE NEUVIÈME.

L'origine de la ville de *Reims* se perd dans la nuit des temps : plusieurs auteurs prétendent qu'elle a été fondée par *Remus*; ce qu'il y a de certain, c'est que Reims était déjà une des principales villes de la Gaule, lorsque les Romains en firent la conquête. César ne parle point de l'origine de cette ville, qu'il n'eût sans doute pas omise, si elle avait été en quelque sorte commune avec celle de Rome; il rangea cette cité dans la seconde Belgique, et il y établit son quartier-général : aussi voit-on que toutes les routes romaines qui traversent la Champagne en tous sens aboutissent à Reims. Cette ville lui a servi long-temps de point d'appui pour étendre ses conquêtes dans les Ardennes et dans la Belgique, habitées par des peuples indomptés : ainsi là valeur a toujours été héréditaire en France. L'armée de César était campée dans les vastes plaines de Vertus, à dix lieues de Reims ; c'est aussi là qu'Attila établit son camp ; en 1818, les Souverains Alliés passèrent encore dans ces mêmes plaines une revue générale de leurs troupes avant de quitter la France. Ne devrait-on pas élever à Vertus une colonne qui apprît des faits aussi remarquables à la postérité ?

In se magna ruunt, dit Lucain. Les précautions admirables que les Romains avaient prises pour assurer leur conquête devinrent inutiles : une foule de Barbares, fuyant les régions glacées du nord, se répand comme un torrent dans l'Allemagne et dans les Gaules ; le farouche Attila les dirige : il porte partout le carnage et l'effroi. Déjà Mayence et Trèves ont subi le joug de ce cruel vainqueur ; Attila marche vers Reims. Nicaise était alors archevêque de cette ville : ce pieux et magnanime pontife exhorte son peuple, non à se défendre, mais à partager avec lui la palme du martyre. Suivi de ses ouailles, il entre dans le temple; et là, prosterné devant le Seigneur, il le conjure d'éloigner l'orage, en s'offrant en holocauste pour appaiser son courroux. Cependant l'ennemi est déjà maître de la ville, la mort apparaît sous mille faces différentes, tout est en flammes, tout périt.

L'archevêque se présente en habits sacerdotaux sur le parvis du temple; il demande la paix, il reçoit la mort; Florent, Eutrope et Joconde partagent sa gloire et son martyre. O divine Providence, que tes décrets sont admirables! à peine ces barbares ont-ils mis le comble à leurs forfaits, qu'une terreur inconnue s'empare de leurs esprits; ils quittent la ville, et se hâtent de regagner leur camp où l'effroi les suit. Ainsi le sang du pieux Nicaise rendit la paix à cette malheureuse cité. Les

Remois élevèrent une église à ce saint pontife, pour éterniser la mémoire de cet événement : on ne voit plus que quelques débris de cet édifice, mais ils attestent encore son ancienne magnificence.

Nous contemplons avec respect la cathédrale de Reims ; bâtie au douzième siècle, ce monument se soutient vainqueur des atteintes du temps et des efforts des méchans. Une autre Blanche vient d'envoyer deux ecclésiastiques accomplir ses vœux aux pieds de nos autels.

Les rois étaient sacrés dès l'établissement de la monarchie des Hébreux ; Saül et David le furent par Samuel, et les rois de Juda furent aussi consacrés par des prophètes. La cérémonie de cette consécration s'était conservée dans le royaume d'Israël, puisque Jéhu fut sacré par un disciple du prophète. Les princes chrétiens ont imité cet exemple : Clovis, après avoir abjuré les erreurs de l'idolâtrie, fut sacré par saint Remi. Les rois de la deuxième race n'ont point été sacrés à Reims, excepté Louis-le-Bègue, roi et empereur; mais tous ceux de la troisième race ont reçu l'onction sainte dans la cathédrale de cette ville; cependant Henri IV fut sacré à Chartres.

Le jour du sacre, le roi entre dans l'église de Reims, revêtu des habits que l'usage a consacrés. Le connétable le précède l'épée nue à la main, et suivi des princes du sang et des pairs de France. Lorsque le roi est devant l'autel, le prieur de Saint-Remi, monté sur un cheval blanc, sous un dais de toile d'argent, apporte la sainte ampoule au bruit des tambours et des trompettes. L'archevêque va la recevoir à la porte de l'église et la pose sur l'autel, où l'on met aussi la grande couronne de Charlemagne, l'épée, le sceptre, la main de justice et le livre de cérémonie. Les habits du roi, pour le sacre, sont une camisole de satin rouge garnie d'or, une tunique et une dalmatique qui représentent les ordres de sous-diacre et de diacre, des bottines, et un manteau royal doublé d'hermine et semé de fleurs de lis d'or. Les douze pairs de France ont chacun leur fonction dans cette auguste cérémonie. L'archevêque de Reims sacre le roi, l'évêque de Laon tient la sainte Ampoule, etc. Le sacre du roi ne lui confère aucun nouveau titre : il est monarque par sa naissance; mais cette cérémonie apprend aux peuples que la personne du roi est sacrée, car *il est l'oint du Seigneur*, dit l'Écriture.

Le portail de Notre-Dame de Reims, dont les tours sont terminées, passe pour l'un des beaux monumens gothiques de France; le vaisseau de cette église paraît un peu étroit, et le chœur n'est pas assez dégagé de la nef. Vous savez, Madame, que l'on disait vulgairement autrefois que pour avoir une église parfaite, il faudrait réunir le portail de Reims, le chœur de Beauvais, la nef d'Amiens et les tours de Chartres.

Le chapitre de Reims a fourni des hommes pieux et éclairés; entr'autres l'abbé de *La Salle*, fondateur des écoles chrétiennes si utiles au pauvre peuple.

Avant la révolution, la place royale de Reims était décorée de la statue de Louis XV, monument de l'attachement des Rémois à l'auguste dynastie des Bourbons. Cette statue tutélaire a été renversée et outragée par des hommes *étrangers à la ville*. En 1819, elle a été relevée au milieu d'une foule immense qui faisait retentir les airs de cris de joie et de bénédictions.

La ville de Reims a de belles promenades dans lesquelles on rencontre toujours de très-jolies femmes; car si les Champenoises sont célèbres par la simplicité de leurs mœurs et par leur amour pour le travail, elles ne le sont pas moins par leur beauté.

On sait que les collines qui environnent cette ville sont plantées en vignes; les plaines sont presque toutes en labours; les campagnes de Reims sont un grenier immense : aussi l'une des entrées de cette ville est-elle appelée la porte de Cérès. Les environs de Reims sont nus pendant huit mois de l'année; mais quand les moissons s'élèvent, ces campagnes sont charmantes. Reims est peut-être la ville la plus célèbre, parmi les enfans, par ses *pains d'épice* renommés.

Les Rémois viennent de confirmer la réputation de piété qu'ils avaient justement acquise. Toute la ville a reçu les instructions des Missionnaires; la haute société, les fabricans, le peuple, ont rivalisé de zèle : les Rémois se sont élevés à la ferveur des premiers chrétiens. Les églises étaient trop petites, des conversions innombrables se sont succédées; trois mille hommes s'approchèrent de la Sainte Table ; M. l'abbé de *Forbin Janson* fit alors une exhortation si touchante sur le bonheur dont leur ame jouissait, que les auditeurs, émus jusqu'aux larmes, se levèrent spontanément et firent retentir les voûtes de la cathédrale de la promesse de venir chaque année demander à Dieu le même bienfait.

Les simples artisans et les femmes les plus élégantes venaient travailler à l'édifice du calvaire, et élever une vaste plate-forme sur laquelle la croix est soutenue par un magnifique piédestal. Le 24 février 1821, une musique triomphale annonça la plantation de la croix; une procession de huit mille personnes la suivait. M. *de Bombelles*, évêque d'Amiens, et M. *de Villèle*, évêque de Soissons, étaient venus à Reims pour honorer cette cérémonie, et pour récompenser, par leurs consolantes exhortations, ces chrétiens déjà si fervens. La croix, haute de cinquante-deux pieds, était portée par des divisions de cent cinquante hommes, elle passa sous quatorze arcs de triomphe : une foule immense faisait alors retentir les airs des cris de *Vive la Croix! vivent la France et les Bourbons!*

LETTRE DIXIÈME.

Le département de Haute-Marne est le grenier de la Champagne, quoique l'étymologie du mot Chaumont, *Calvus mons*, son chef-lieu, ne marque point l'abondance. Il est situé dans un couloir appelé *Vallage* : ce nom seul annonce sa fertilité, et montre qu'il n'est pas couvert partout de chaumonts, *calvis montibus*.

Ce département est tiré de la Champagne et un peu de la Bourgogne. Sa superficie est de six cent vingt-deux mille huit cent quatre-vingt-dix-neuf arpens métriques, et sa population de deux cent trente mille cent vingt-six habitans. La Marne est la seule rivière navigable du département (de Saint-Dizier à la Seine). Il possède de nombreuses et abondantes mines de fer en grains et de roches, faux albâtre, marne à Bourbonne, carrières de superbes pierres de taille, pierres tessulaires employées à la couverture des toits, ban de pyrithes martiales, marbre grossier à aiguiser, argile à faire briques de forge, à foulon, quelques tourbières, plusieurs sources d'eaux minérales, établissement thermal à Bourbonne-les-Bains; la gaude, le caillelait, les feuilles de colchique d'automne sont des plantes territoriales du pays; beaucoup de plantes indigènes comestibles, mousseron, champignons, chanterelle, morille, truffes, cerisiers, noyers dans les champs; tous les fruits d'espalier et à haut-vent dans les jardins, moutarde noire et oliettes cultivées dans les places à charbon dans les bois; belles prairies naturelles; plus de cent quarante mille hectares de forêts. Les racines de gentiane et du *calamus aromaticus* sont exportées au loin pour la médecine. Quelques cerfs et biches, chevreuils, lièvres, sangliers, loups, renards, cailles, grives, rouges-gorges, bécasses, etc. L'éducation des abeilles est une branche importante de l'économie publique pour ce département.

La principale richesse de la Haute-Marne après ses produits agricoles et ses bois, consiste dans l'exploitation de son minérai; cinquante-un hauts-fourneaux en activité, dont trois travaillent en moulerie; cent deux foyers de forges; sept fonderies; neuf martinets; cinq batteries; sept fileries fabriquant par an seize millions de fer, et occupant les bras de six mille ouvriers; *fabriques de pointes de Paris*, à Chalvraines, Clinchamps, Champigneulles; de meules et meulets à aiguiser, à Celles et à Marcilly; une fabrique de porcelaine; deux papeteries, construction de bateaux à Saint-Dizier; droguets, tiretaines et étoffes grossières à Chaumont et dans l'arrondissement de Vassy; bonneterie à Chaumont, Vignory, Arc et Joinville; tannerie et chamoiserie à Chaumont,

Langres, Montiérander et Chateauvillain. La fabrique de gants de Chaumont est renommée.

M. *Aubry*, de Chaumont, a obtenu la mention honorable (exposition 1806), pour des *gants* de sa fabrique.

M. *Daguin* aîné, d'Auberive (mention honorable, exposition 1819), pour *bandes de fer bien martiné*.

MM. *Didelot-Perrin* et *Didelot-Regnoult*, de Vassy (mention honorable, exposition 1819). *Tiretaines* à bas prix, et bien fabriqués; la filature est bonne.

M. *Jacot*, de Bienville (mention honorable, exposition 1819), *barres de fer très-bien forgées*.

M. *Gennuys*, de Chaumont, chamoiserie ganterie (mention honorable, exposition 1806), pour des *gants* de sa fabrique.

M. *Hannotin-Geoffroy*, de Bar-le-Duc,

mouchoirs de coton de couleurs. (Citation au rapport du Jury, exposition 1819).

Langres (la Fabrique de Coutellerie de) (mention honorable, exposition de 1806 — et 1819), comme ayant de plus en plus mérité cette distinction par ses ouvrages de *coutellerie*.

MM. *Leblanc*, maîtres de forges, de Marnaval près Saint-Dizier (mention honorable, exposition 1806).

Fer ayant beaucoup de corps et de nerf, tendre à la lime, se pliant très-bien à chaud et à froid, sans présenter ni fentes ni gerçures.

MM. *Robin*, *Mathieux* et *Puichard*, à la Forge de Rochevillers (mention honorable, exposition 1806).

Pour avoir fabriqué du *fer* se soudant bien, très-nerveux, se pliant bien et tendre à la lime, avec un tiers de houille et deux tiers de charbon de bois.

Nota. M. *Robin* est le propriétaire de la forge; M. *Mathieux*, le fermier; et M. *Puichard*, le forgeron affineur qui a fabriqué le fer. L'usage de la houille, dans l'affinage du fer, est général dans le pays de Namur; il est moins connu dans le département de la Haute-Marne.

LETTRE ONZIÈME.

Les fortifications de Chaumont consistent en une muraille à l'antique, et dix bastions de pierre de roche taillée à pointe de diamant, avec une courtine et un fossé assez large. Cette ville, bâtie sur une montagne au pied de laquelle passe la Marne, se présente agréablement du côté du midi. Le portail de l'église de Chaumont est d'une bonne architecture, quoique trop chargé d'ornemens (1).

---

(1) On lit dans les ANNALES FRANÇAISES des Arts, etc., tom. 5, pag. 8 et suiv., un article fort curieux intitulé : *Statistique monumentale du département de la Haute-Marne.* Il est rempli de détails intéressans sur plusieurs villes, et sur les curiosités de cette contrée.

Vassy était déjà un domaine royal, *Fiscus regius*, dès le milieu du septième siècle, sous le règne de Clovis II. On sait que le massacre de Vassy fut occasionné par l'imprudence des gens du duc de Guise, qui lui-même y fut blessé à la joue : cet accident lui valut le surnom de *Balafré*.

Joinville est bâtie sur le penchant d'une montagne, au pied de laquelle coule la Marne. Quelques auteurs donnent à cette ville une grande ancienneté; ils en font remonter l'origine à Jovin lieutenant de Valentinien, empereur d'occident, et la nomment *Jovina villa;* ceux au contraire qui rapprochent son origine du siècle de Louis-le-Gros (douzième siècle) l'appellent *Johannis villa*. Le château de Joinville a été démoli en 1790, par ordre du feu duc d'Orléans; à l'exception d'un bastion dont on a enlevé les pierres de parement, il ne reste plus aucuns vestiges de ce magnifique édifice; tout le terrain qu'il occupait est couvert aujourd'hui par une plantation. On ne voit plus à Joinville qu'un autre pavillon construit en 1546 par Claude de Lorraine, et très-remarquable par son architecture : c'est celui que ce prince nommait le château d'en bas. M. le baron de Thosse, antiquaire aussi instruit que modeste, a acquis du duc d'Orléans ce monument remarquable, qui seul a échappé aux ravages de la révolution.

L'ancien château de Joinville fut bâti en 885, et embelli en 1095 par Etienne de Vaux, puîné de la maison de Broyes, qui épousa l'héritière de la maison de Joigny, et fut le premier sire de Joinville. Ce château reçut des accroissemens successifs sous la plupart des seigneurs de Joinville, et principalement sous les princes Lorrains qui devinrent sires et barons de Joinville en 1394, par le mariage de Féri, premier fils de Jean, duc de Lorraine, avec Marguerite de Joinville, comtesse de Vaudemont.

Dès le dixième siècle, les sires de Joinville contractèrent des alliances illustres. Geoffroy II, épousa Hodierne de Courtenay; il eut deux enfans, dont l'aîné fut la tige des comtes de Joigny. Geoffroy III épousa Félicité de Brienne, fille d'Erard, comte de Brienne; et Geoffroy IV eut deux fils d'Helvise de Dampierre, son épouse. Geoffroy V mourut sans enfans, et Simon, son frère, épousa Béatrix de Bourgogne. Ce sire de Joinville fut un des grands capitaines de son temps : il signala son courage à la Terre-Sainte, sous les règnes de Louis VII et de Philippe-Auguste. Richard Cœur-de-Lion, roi d'Angleterre, lui permit de porter les armes de ce royaume pour récompenser sa valeur. Simon mourut en 1230, et il fut enterré à Clairvaux. Son fils Jean, sire de Joinville, le naïf historien et le fidèle compagnon de saint

Louis, partit pour la croisade en 1248, avec dix chevaliers et trois bannerets à sa solde; on sait qu'il rejoignit le roi en Chypre. Le départ de ce guerrier pour la Terre-Sainte, fait le sujet d'un tableau de M. Duperreux qui a été acheté par le roi.

Le sire de Joinville composa l'histoire du saint Roi, à l'âge de quatre-vingt-onze ans. La plupart des historiens laissent la même incertitude sur l'époque de la naissance et de la mort de cet illustre écrivain. Le fait suivant nous paraît devoir fixer toutes les conjectures.

La voûte de la chapelle de l'église de l'ancien château, dans lequel était le tombeau du sire de Joinville, s'étant écroulée en 1629, ce tombeau fut ouvert en recherchant les fondemens de l'autel; et l'on trouva à côté du corps de ce seigneur une épitaphe gravée sur une plaque de cuivre, où l'on remarque ces mots, qui déterminent d'une manière précise sa naissance et sa mort :

> Terris natum anno D. 1214,
> Cœlo datum anno 1319.
> Nomine, virtute, scriptis et famâ,
> Nondùm mortuum.

Cette plaque de cuivre a été fondue avec les statues en bronze qui ornaient les tombeaux des seigneurs de Joinville ; on fit de ce bronze deux pièces de canon destinées à la ville, et dont le gouvernement impérial s'est emparé depuis.

En 1315, le roi Louis Hutin ayant convoqué sa noblesse pour la guerre contre les flamands, le sire de Joinville se rendit à ses ordres avec un chevalier banneret et six écuyers ; il avait alors cent un ans. Jean de Joinville était d'une haute stature ; son fils Anselme et son petit-fils Henri étaient aussi de la plus grande taille ; un historien cite même le dernier comme approchant de sept pieds : il est certain que, pendant la révolution, un manœuvre, qui aidait à tirer de leurs tombeaux les seigneurs de Joinville, fut saisi de terreur à la vue d'un de leurs cadavres.

On sait qu'Anselme et Henri furent honorés d'emplois éminens sous les règnes du roi Jean et de Philippe de Valois. Henri n'eut que deux filles, et en lui s'éteignit cette illustre maison, dont l'héritière, Marguerite de Joinville, épousa Féri I.er, fils de Jean I.er, duc de Lorraine.

Antoine, fils de Féri I.er, eut huit enfans, dont l'aîné, Féri II, épousa Yolande d'Anjou, qui devint héritière des états de son père, Réné d'Anjou. L'aîné des enfans de Féri II fut Réné II, duc de Lorraine, tige de la maison impériale d'Autriche, dont l'aîné, Antoine, épousa Rénée de Bourbon, princesse du sang de France, fille de Gilbert de Bourbon-Montpensier. Le cinquième enfant de Réné, fut Claude de Lorraine, chef de la branche de Lorraine en France, et qui fut duc de Guise et baron de Joinville. Louis XII lui fit épouser, le 12 juin 1512, Antoinette de Bourbon, fille de François de Bourbon, comte de Vendôme, et grand'tante de Henri IV. Cette vertueuse princesse habitait constamment le château de Joinville, qui était alors une demeure vraiment royale; c'est là qu'Antoinette de Bourbon nourrit elle-même ces grands hommes dont les noms remplirent l'Europe, et qui, doués de tous les dons de la nature et de la fortune, devinrent, par leur naissance, des sujets si dangereux.

LETTRE DOUZIÈME.

On trouve quelques lamproies de mer dans la Marne, près de Saint-Dizier. En 1554, cette ville soutint un siège contre l'armée de Charles V. Ses fortifications ont été négligées.

Les eaux minérales de Bourbonne-les-Bains, *verronæ castrum*, étaient connues des Romains; elles sont si chaudes, qu'on peut à peine y tenir le doigt pendant quelques secondes. Ce séjour est aussi agréable que salutaire aux personnes qui s'y rendent pendant la saison des eaux (du 1.er juin au 1.er octobre).

Langres est une des plus anciennes villes de France. Lors de la conquête des Gaules par César, cette cité formait déjà un état particulier. On ignore quelle était l'étendue de cet état, sur quel pays il dominait, et s'il avait une constitution particulière; mais, dans ce doute on peut valablement supposer que Langres existait depuis long-temps; car une ville ne peut guère avoir de prépondérance sur les pays qui l'entourent, sans une force capable de la maintenir. La constitution de Langres était probablement celle que César trouva établie dans presque toute la Gaule, et à laquelle il soumit les peuples qui en reconnaissaient une autre. Cette constitution consistait à convoquer les trois ordres de l'état, les druides, les nobles et les vassaux, pour délibérer et donner leur avis sur l'administration générale. Ainsi, les États-Généraux ont précédé l'établissement de la monarchie en France. César convoqua à Reims ces trois ordres de l'état, pour régler avec eux les moyens d'entretenir la paix, et de maintenir les peuples dans l'obéissance des Romains (1). César ne changea point les institutions des Gaulois, parce qu'il savait que, pour s'assurer de ses conquêtes, il ne faut pas contraindre les peuples vaincus à passer trop brusquement à un régime nouveau.

Langres était la métropole du peuple appelé *lingones*, et se nommait *Andematunum*. Du temps de César, cette ville appartenait à la Celtique; mais elle devint une cité de la Belgique, sous Auguste, et y demeura jointe jusqu'à ce que Dioclétien la rendit Lyonnaise.

Langres fut prise et brûlée dans le passage d'Attila, se rétablit, et éprouva le même sort lors de l'irruption des Vandales qui massacrèrent saint Didier, son évêque, l'an de J. C. 407. Lorsque les barbares eurent envahi l'empire romain, Langres tomba sous

---

(1) De bello gallico, lib. VI.

le pouvoir des Bourguignons, et continua de faire partie de ce royaume sous les Francs. Cette ville échut à Charles-le-Chauve par le partage des enfans de Louis-le-Débonnaire; elle eut ensuite ses comtes particuliers jusqu'à ce que Hugues III, duc de Bourgogne, donna ce comté (en 1179) à Gautier, son oncle, évêque de Langres, en échange du domaine de Dijon. Le roi Louis VII érigea enfin ce comté en duché, en annéxant la ville à la couronne.

Les évêques de Langres devinrent dès-lors très-puissans : Odon, comte de Nevers et de Champagne, leur fit hommage pour le comté de Tonnerre, et cet hommage leur fut renouvelé par Marguerite, reine de Suède. Les rois de Navarre et les ducs de Bourgogne, pour leurs terres de la Montagne, et les comtes de Champagne, pour plusieurs villes et seigneuries, furent aussi leurs feudataires. L'évêque de Langres obtint enfin de Charles-le-Chauve le droit de battre monnaie.

Les antiquités romaines qu'on remarque à Langres annoncent que cette cité a été long-temps le séjour des consuls et des empereurs romains. En 1670, on trouva dans cette ville plusieurs monumens qui furent envoyés à M. de Colbert.

On a encore découvert (1770), en fouillant les terres voisines des chemins couverts construits sur la contrescarpe, des médailles antiques d'or, d'argent et de bronze; plusieurs vases employés dans les sacrifices; un couteau de cuivre servant à écorcher les victimes; un autre couteau appelé *Secespita* servant à les égorger; un manche d'aspersoir pour jeter l'eau lustrale; une boîte couverte pour l'encens, etc. On a aussi trouvé à Langres, pendant les deux derniers siècles, plusieurs inscriptions antiques : l'académie royale en a expliqué quelques-unes. Les plus intéressantes apprennent ou confirment les faits suivans : 1.º qu'il y eût dans cette ville une colonie romaine ; 2.º que les Gaulois avaient pour Platon une grande vénération, et qu'ils comptaient par nuits : *Nec dierum numerum ut nos, sed noctium computant*, dit Tacite ; 3.º que la famille des Jules avait de grandes possessions à Langres, et qu'il partait de cette capitale des chemins pavés, et construits en forme de levée, etc.

Plusieurs monumens antiques, tels que statues et fragmens de colonne, subsistent encore dans la ville de Langres ; les uns sont enchâssés dans le corps des murs qui lui tiennent lieu de remparts ; les autres se voient dans des jardins particuliers. On dit même que quelques habitans regardent les antiquités qu'ils possèdent, comme le palladium de leurs maisons.

Les magistrats de Langres inscrivaient autrefois dans les registres publics, les circonstances des découvertes faites dans cette cité Si les villes qui se vantent de quelque antiquité avaient toujours suivi ce plan, elles auraient conservé des traditions propres à éclairer leur histoire.

Langres est le point de la France le plus élevé. C'est du haut des tours de la cathédrale de cette ville que l'on jouit d'un bel horison. Le portail de cette église est d'une bonne architecture; la nef est gothique, et l'on dit que le chœur a fait partie d'un temple antique. L'église de Saint-Martin a un clocher hardi et délicat. Près de cette paroisse est l'*arquebuse*, plantée d'arbres magnifiques; mais Blanche-Fontaine est la plus agréable des promenades de Langres : c'est une allée qui conduit, par un terrain en pente, à une belle source.

Langres est la patrie de Diderot. Les habitans de cette ville sont très-gais : on les appelle à Dijon les *fous de Langres*. Mais, loin de craindre une plaisanterie qui annonce leur bon naturel, ils pourraient trouver dans les temps les plus anciens, des titres de folie, puisqu'une inscription romaine nous apprend qu'il y a eu pendant longtemps, dans cette ville, un théâtre public. Les Champenois sont très-gais : votre province, Madame, est peut-être celle de France où l'on danse le plus souvent. Dans les contrées où les jeunes gens sont faibles et laids, ils se divertissent à l'ombre des forêts; ils recherchent l'obscurité des cavernes, comme s'ils voulaient dérober aux autres et à eux-mêmes le triste spectacle de leur difformité; mais là où les femmes sont jolies, elles ne craignent point l'éclat d'un beau jour, elles courent former des danses légères sur la cime des monts : elles voudraient, dans leur bonheur, que l'univers vît leurs jeux aimables, et avouât leur beauté. Si vous avez visité Colombey-aux-Belles-Filles, près de Chaumont, vous conviendrez, Madame, que ce village mérite son surnom. En Champagne, tous les événemens se célèbrent par des danses qui ressemblent beaucoup aux bacchanales des anciens. Tous les ans, les habitans d'Attigni entourent la halle de cette ville, et dansent une ronde en chantant, pour se réjouir de l'abolition d'un droit onéreux que payait anciennement leur marché. La curiosité et la gaîté annoncent la prospérité d'un peuple, car la misère les chasse souvent des cités qu'elle désole.

Sabinus, connu par sa révolte contre Vespasien, et plus encore par la beauté, le courage, et l'amour conjugal de sa femme Eponine, était du pays de Langres.

Ce seigneur gaulois tourna hardiment ses armes contre les Romains; vaincu et mis en déroute, et voulant également échapper à la rigueur et à la clémence du vainqueur, il imagina un moyen singulier de sauver sa vie.

Il se retira dans une de ses maisons de campagne, renvoya tous ses domestiques, ne garda que deux affranchis dans lesquels il avait une confiance particulière et qui ne la trahirent point. Il mit le feu à sa maison, et tout le monde le crut brûlé. La douleur sincère d'Eponine sa femme, qui le crut aussi, acheva d'en convaincre le public. Sabinus s'était retiré dans un souterrain qui n'était connu que de lui et de ses deux affranchis. Ceux-ci publiaient partout la mort désastreuse de leur maître. Sabinus apprit par eux qu'Eponine avait résolu de se laisser mourir de faim. Sûr de son cœur, il se hâta, pour lors, de lui faire connaître le lieu de sa retraite, elle s'y rendit aussitôt et s'enferma courageusement avec lui dans ce tombeau. Elle y mit au monde deux fils jumaux. Elle sortait, voyait ses amis, préparait de loin à son mari des protecteurs et des appuis auprès de Vespasien. Elle fut obligée d'employer toutes sortes de précautions et d'artifices pour dérober sa grossesse à tous les yeux, elle y réussit; mais enfin, comme elle disparaissait souvent, on soupçonna quelque chose de mystérieux dans sa conduite, on l'épia, on la vit entrer dans le souterrein, et Sabinus fut tiré avec elle de ce triste asyle où les consolations de la tendresse l'avaient rendu heureux. Eponine parut devant Vespasien avec la sécurité qu'inspire la vertu, elle lui présenta ses deux enfans : prends pitié, César, lui dit-elle, de ces deux innocentes créatures qui ne t'ont jamais offensé; elles ont reçu la vie au fond des antres sombres, comme les bêtes sauvages; nous les élevions au sein des ténèbres, dans la douce espérance que leur sort toucherait ton cœur; qu'ils seraient pour toi des objets de clémence, et qu'ils te réconcilieraient un jour ou avec leur père ou avec sa mémoire. Craindrais-tu quelques restes d'ambition dans le cœur d'un homme qui avait résolu de cacher son existence à tous les yeux ? Ou, après tant d'années, te souviendrais-tu d'une faute expiée par tant de malheurs ? Ce discours touchant porta la compassion dans le cœur de tous les assistans, cependant Vespasien les envoya l'un et l'autre au supplice (1) :

Qu'a fait cette Eponine à l'échafaud conduite ?
Dans un obscur réduit, où, dérobant sa fuite,
Sabinus d'un vainqueur trompa dix ans les coups,
Elle vint partager les périls d'un époux.
De l'amour conjugal, ô mémorable exemple !
Par elle un souterrain du bonheur fut le temple.
Aux yeux de Sabinus elle sut chaque jour
Embellir, par ses soins, le plus affreux séjour ;
Des plus sombres échos lui charma la tristesse
En les adoucissant des sons de la tendresse ;
Et du roc qui, la nuit, les recevait tous deux,
Fit la couche riante où l'hymen est heureux.
LEGOUVÉ.

---

(1) Tacit. annal. lib. 4.

LETTRE TREIZIÈME.

Je dois parler du canton de Vaucouleurs (Vosges), qui a donné naissance à *Jeanne d'Arc*.

Ce canton, abondant en bois, en rivières et en pâturages, s'étend entre les duchés de Bar et de Lorraine; et, resserré par ces deux provinces, il ne tient, pour ainsi dire, que par un point à la Champagne, dont il fait cependant partie. (Voyez les anciennes cartes de France.)

Vaucouleurs est situé dans le Bassigny, en Champagne, sur le penchant d'une colline auprès de laquelle est une prairie arrosée par la Meuse qui passe auprès de la ville. Vaucouleurs formait autrefois une souveraineté possédée par les princes de Joinville. Philippe de Valois l'acquit en 1335 de Jean de Joinville, à cause de l'importance de son passage. Charles V l'unit inséparablement à la couronne en 1365, et lui conserva tous ses priviléges, en considération des services que lui et ses prédécesseurs en avaient reçus.

On trouve à une portée de fusil de Vaucouleurs, Tuscy (*Tusciacum*), maison de plaisance où nos rois avaient autrefois un château, et où il s'est tenu un concile célèbre, nommé ordinairement le *concile de Touzy*, quoique les habitans du lieu disent Tuscy.

On voit aussi, entre Tuscy et Vaucouleurs, de grosses pierres que l'empereur Albert et Philippe-le-Bel firent planter pour servir de bornes à leurs empires, lorsqu'ils s'abouchèrent à Vaucouleurs en 1299.

A deux lieues au nord de Neufchateau, et à trois lieues au sud de Vaucouleurs, on trouve un riant vallon arrosé par la Meuse, dans lequel est le village de Greux et le hameau de Donremy, berceau de la pucelle d'Orléans, et qui, séparé de Greux par un faible intervalle, ne formait au quinzième siècle qu'une dépendance de ce village. La paroisse dépendait, ainsi que le hameau de Donremy, de la prévôté d'Andelot, du bailliage de Chaumont et de l'élection de Langres; cependant cette paroisse faisait partie, quant au spirituel, du diocèse de Toul en Lorraine, dont la juridiction s'étendait en quelques endroits de la Champagne.

En 1818, M. le comte de Lindorff, colonel prussien, voulut acheter la chaumière de Jeanne d'Arc que l'on voit encore à Donremy; et M. Girardin, qui la possédait alors, refusa de la vendre. On a loué avec raison le noble désintéressement de ce propriétaire; mais il est juste de dire que si ce refus honore le citoyen français, l'offre généreuse de M. le comte de Lindorff, qui voulait conserver à la postérité le premier asyle de l'héroïne d'Orléans, ne fait pas moins d'honneur au caractère de cet officier prussien (1).

La proposition de M. de Lindorff attira l'attention des autorités du département sur une chaumière précieuse qui allait tomber en ruines, et le conseil-général des Vosges s'empressa d'acheter la maison de Jeanne d'Arc.

L'inauguration du monument élevé à la mémoire de la Pucelle, dans le village de Donremy, a été célébrée le dix septembre 1820. Quelques jours avant la fête, la route était couverte d'une multitude de curieux; les au-

---

(1) D'illustres voyageurs ont hâté la dégradation de la modeste habitation de la vierge, par un zèle trop religieux à s'en procurer quelques débris. Le prince Ferdinand de Prusse se prosterna sur le seuil de la chaumière, en disant : *Je te salue, demeure d'un héros*; il cassa lui-même ensuite un morceau de la voussure de la porte, et l'emporta précieusement.

berges et les maisons particulières étant insuffisantes pour loger tous les voyageurs, on se résolut à bivouaquer dans la prairie où serpente la Meuse, et dans laquelle on éleva des tentes de toutes parts. M. Jollois a été chargé de la construction du monument de Jeanne d'Arc, et du bâtiment destiné à une École gratuite pour les jeunes filles de Donremy. Ce monument est entouré d'un massif d'arbres; en face se trouve le bâtiment construit pour l'École gratuite : il est simple et de bon goût; mais on a eu la malheureuse idée de le placer devant la chaumière de la Pucelle. Sur la porte d'entrée de cette maison, on aperçoit une gerbe entourée de grappes de raisin, avec deux écussons, dont l'un représente trois socs, et l'autre une épée surmontée d'une couronne, avec trois lis. Dans la première pièce, est un vieux piédestal mutilé qui représente Jeanne d'Arc, armée de pied en cap; on remarque, dans l'enfoncement du mur, la Vierge devant laquelle *Jeanne* faisait sa prière. L'École gratuite, fondée par le Roi en faveur des jeunes filles de Donremy et de Greux, est décorée d'un tableau représentant Jeanne d'Arc.

A l'issue de l'office divin, on se rendit auprès du monument : le voile qui couvrait le buste tomba, et une jeune fille posa sur le front de l'héroïne une couronne de fleurs. M. le Préfet des Vosges fut reçu par une multitude de jeunes filles vêtues de blanc et conduites par la fille du maire de Donremy; ce magistrat prononça alors une harangue, et M. le duc de Choiseul termina cette cérémonie imposante par un discours plein d'une noble franchise, dans lequel il remercia Jeanne d'Arc d'avoir arraché son pays à l'influence étrangère : l'émotion de ce noble pair a vivement touché les auditeurs, qui se séparèrent aux cris de *Vive le Roi! Vive la France!*

Plusieurs poëtes ont embelli du charme de leurs vers le récit des exploits de Jeanne d'Arc; cependant Voltaire ne consacra, dans un poëme sérieux, qu'un vers et demi à la gloire de cette héroïne (1); mais, dans une composition licencieuse et pleine de mensonges calomnieux, il en employa plus de vingt mille à la déshonorer.

La vie de Jeanne d'Arc a fourni a M. D'Avrigny le sujet d'une belle tragédie; je ne puis m'empêcher de transcrire ici le récit que l'auteur met dans la bouche de l'amazone :

.... Depuis que je suis née
L'hiver n'a pas vingt fois vu s'achever l'année.
Sous un rustique toît Dieu cacha mon berceau;
Non loin de Vaucouleurs, quelques prés, un
  troupeau,
Des auteurs de mes jours composaient la richesse;

---

(1) ...... Et vous brave amazone,
La honte des Anglais, et le soutien du trône.
     (*Henriade*)

Le travail de leurs mains nourrissait leur vieillesse·
Docile à leurs leçons, heureuse à leur côté,
Mon enfance croissait dans la simplicité;
Et, bergère, comme eux j'errais sur les montagnes,
Chantant le nom du Dieu qui bénit les campagnes.
Chaque jour cependant jusqu'à nous apportés,
Des bruits affreux troublaient nos hameaux attristés :
On disait qu'innondant et nos champs et nos villes
L'Anglais, à la faveur de nos haines civiles,
Allait bientôt, brisant nos remparts asservis,
Saper les fondemens du trône de Clovis;
Et, de la Loire enfin franchissant la barrière,
Sur les murs d'Orléans arborer sa bannière.
Des maux de mon pays en secret tourmenté,
Tout mon cœur s'indignait jour et nuit agité;
Et du bruit des combats au milieu des prairies,
Seule, j'entretenais mes longues rêveries.
Un soir (il m'en souvient) de la cime des monts
L'orage, en s'étendant, menaçait nos vallons;
Tout fuyait...... près de là l'ombre d'un chêne antique
Protégeait du hameau la chapelle rustique :
J'y cours; et sur la pierre, où j'implorais les cieux,
Le sommeil, malgré moi, vint me fermer les yeux.
Tout-à-coup, de splendeur et de gloire éclatante
Du céleste séjour une jeune habitante,

La houlette à la main, se montre devant moi :
« Humble fille des champs, dit-elle, lève-toi!
» Du Souverain des Cieux l'ordre vers toi m'a-
  » mène,
» Geneviève est mon nom. Les rives de la Seine
» Me virent, comme toi, conduire les troupeaux.
» Quand du fier Attila les funestes drapeaux
» Envoyaient la terreur aux deux bouts de la
  » France,
» Ma voix, au nom du ciel, promit sa délivrance.
» Le ciel veut par ton bras l'accomplir aujour-
  » d'hui ;
» Du trône des Français, va, sois l'heureux appui.
» Le Dieu qui, des bergers empruntant l'entre-
  » mise,
» Jadis arma David et dirigea Moïse,
» Dans les murs de Fierbois, au pied des saints
  » autels
» Cacha, depuis long-temps, aux regards des
  » mortels,
» Le glaive qui, remis aux mains d'une bergère,
» Doit briser les efforts d'une armée étrangère.
» En secret, éclairé par un avis des cieux.
» Déjà Valois attend le bras victorieux
» Que suscite pour lui leur faveur imprévue.
» Pleine d'un feu divin va t'offrir à sa vue,
» Marche ; Orléans t'appelle au pied de ses
  » remparts ;

» Marche; à ta voix l'Anglais fuira de toutes
   » parts;
» Et le temple de Reims verra, dans son en-
   » ceinte,
» Sur le front de ton Roi s'épancher l'huile
   « sainte.....»
L'immortelle, à ces mots, remonte dans les airs;
Et moi, le cœur ému de sentimens divers,
Je m'éveille incertaine, et n'osant croire encore
Au choix trop éclatant dont l'Éternel m'honore.
Mais trois fois, quand la nuit ramène le repos,
Je vois les mêmes traits, j'entends les mêmes
   mots:
« Humble fille des champs, lève-toi! Dieu t'ap-
   » pelle.
» Au ciel, à ton pays, tremble d'être infidèle....»
Je cède enfin : je pars, respirant les combats....
Le frère de ma mère accompagnait mes pas.
J'avais atteint le front des collines prochaines;
Là, muette et pensive, à nos bois, à nos plaines,
Par un dernier regard j'adressai mes adieux;
Et le toit paternel disparut à nos yeux....
.... au travers du trouble et du ravage,
Vers la cour de Valois le ciel m'ouvre un pas-
   sage:
J'arrive. On m'interroge; on doute de ma foi;
Mais les pontifes saints ont rassuré mon Roi :
Je parais à ses yeux. Sans crainte, sans audace,

J'entre; un de ses guerriers est assis à sa place;
Lui-même, au milieu d'eux, il siège confondu;
Mais un esprit céleste, à mes yeux descendu
Me le montrait du doigt et planait sur sa tête.
J'approche; et, devant lui je m'incline et m'arrête;
Des cieux, à haute voix, j'annonce les décrets...
« Oui, me dit-il, commande, et mes guerriers
  « sont prêts
» A suivre sur tes pas l'ardeur qui les transporte.»
Il dit; et de Fierbois à son ordre on m'apporte
Le glaive qui bientôt doit venger les Français.
Nous partons....; mais pourquoi retracer nos
  succès.
Jeune et faible instrument de la faveur céleste,
Je marchais, je parlais...... Dieu seul a fait le
  reste.

LETTRE QUATORZIÈME.

Le département de l'Aube est formé des provinces de Champagne et de Bourgogne ; sa superficie est de six cent cinq mille vingt-cinq arpens métriques, et sa population, de deux cent trente-huit mille huit cent seize habitans. De la pierre de taille, du marbre lumachelle à Bassancourt, du grès en pavé, de la terre à creuset, des eaux minérales à Chapelle-Godefroy : telles sont les productions principales du département ; de la craie sur la moitié du territoire (au nord et à l'est), où l'on récolte à peine du seigle ; et dans l'autre partie du département, de bonnes terres, des vignobles bien exposés ; quatre-vingt cinq mille hectares de forêts ; des prairies productives ; de bons vins, parmi lesquels on distingue ceux de Riceys, Bar-sur-Aube, Bar-sur-Seine, Bouilli et Laine-au-Bois; cerisiers dans les campagnes; etc.; éducation en grand des moutons, de la volaille, d'abeilles sur quelques points; sangliers, cerfs, chevreuils, lièvres, brochets, perches, barbeaux, tanches, anguilles, quelques truites.

Ce département dépourvu de mines, a peu d'usines; la grande industrie est en toilerie, cotonnades, bonneterie en coton, lacets, draps mi-fins principalement pour la troupe, et exploitation des blanchisseries-foulon. Ses tanneries sont renommées; il fournit aussi des ouvrages en corne et en cuir, chapeaux de paille blanche et jaune. Les blancs de Troyes (1) sont exportés dans toute l'Europe; une partie de ses vins, en Flandre et en Normandie; ses bois, par flotte; ses fers, ses charbons, et

___

(1) Communément appelés blancs d'Espagne.

ses foins, par bateaux; ses marchés, et surtout celui de Bar-sur-Aube, reçoivent les grains de la Marne et de la haute-Marne, et les versent par roulage sur Gray, où ils sont embarqués pour le midi.

Voici le tableau industriel du département.

Aube (département de l') Productions en général. (Citation au rapport du Jury, exposition 1801.)

C'est un des huit départemens qui se sont particulièrement distingués par la beauté des productions qu'ils ont montrées au public.

M. *Becker* (Denis), d'Arcis-sur-Aube. (Mention honorable, exposition 1819.)

Pour la bonne qualité de la *bonneterie de coton* qu'il a exposée.

M. *Chatbotté*, fabricant de Troyes. (mention honorable, exposition 1802). *Mouchoirs à carreaux*; bonne fabrication et prix modéré.

Clairvaux (la maison centrale de détention de), diverses étoffes. (Mention honorable, exposition 1819.) *Belles couvertures de coton et de laine, flanelle, draps, tissus-mérinos, calicots*, et quelques objets tissés en soie et paille.

M. *Coquet-Delalain*, de Troyes (mention honorable, exposition 1802), a présenté des *espagnolettes* fabriquées avec soin.

M. *Deheurle-Billy*, de Troyes (mention honorable, exposition 1802).
Pour ses *ratines*, dont la fabrication est très-bonne.

M. *Delatour-Saurat*, d'Arcis-sur-Aube (mention honorable, exposition 1819). Pour la bonne qualité de la *bonneterie de coton* qu'il a exposée.

M. *Duchaussoy*, de Troyes (mention honorable, exposition 1819). Pour la bonne qualité de la *bonneterie de coton* qu'il a exposée.

M. *Dupont-Boilletot*, de Troyes (mention honorable, exposition 1819), a présenté des *basins* et des *léventines* d'une fabrication très-soignée ; il a aussi présenté des *perkales* et des *moletons croisés*; tous ces objets annoncent un fabricant distingué.

M. *Faverot*, fabricant à Troyes (médaille de bronze à tirer au sort avec M. Ch. *Huot*, exposition 1802).

Une pièce de *piqué broché* à grand dessin, figurant la mousseline, avec transparent rouge, fabriqué par M. *Faverot*, annonce un homme très-instruit dans le montage des métiers à étoffes façonnées.

M. *Godot*, d'Arcis-sur-Aube (mention honorable, exposition 1819). Pour la bonne qualité de la *bonneterie de coton* qu'il a exposée.

M. *Gattelier*, fabricant à Troyes ; (Une des vingt médailles d'argent de l'exposition, à tirer au sort entre quatre; exposition 1801) a présenté des *piqués et des basins*, bien fabriqués.

M. *Guérit* d'Arcis-sur-Aube (mention honorable. Exposition 1819), pour la bonne qualité de la *bonneterie de coton* qu'il a exposée.

M *Huot* (Charles) de Troyes, (médailles de bronze, à tirer au sort avec M. Faverot, autre fabricant de Troyes; exposition 1802). Ses *piqués* sont d'un prix modéré et d'une bonne fabrication.

Le même, exposition 1806.

Les *basins*, les *piqués* et les *calicots* qu'il a envoyés cette année, prouvent qu'il a conservé tous ses titres à la médaille.

M. *Jouanne de la Rothière*, de Troyes, (citation au rapport du Jury, exposition 1819), a exposé de la *bonneterie de coton.*

M. *Lanfumay Camusat*, de Troyes, (médaille de bronze, exposition 1801).

Pour avoir présenté de très-belle *bonneterie de coton.*

Le même, (médaille d'argent à partager avec la manufacture de Grillon, exposition, 1802).

M. Lanfumay Camusat a parfaitement soutenu et même amélioré sa fabrication. Le Jury a surtout remarqué des *bas de couleurs mêlées,* fabriqués avec des cotons de la filature nouvellement établie à Troyes, par M. Ferrand, lequel a trouvé le moyen en mélangeant les cotons à la carde, de donner aux nuances un moëlleux et un fondu qu'on n'avait pas atteint jusqu'ici.

Le même, exposition 1806,

Soutient à des prix modérés la concurrence avec ce qui se fait de plus beau en *bas de coton*. Le Jury lui aurait décerné la médaille d'argent cette année, s'il ne s'était pas fait la règle de ne pas la donner deux fois à un manufacturier, sur le même objet.

M. *Mozer-Oudin*, d'Arcis-sur-Aube, (citation au rapport du Jury : exposition 1819).

Pour de la *bonneterie de coton*, qu'il a exposée.

M. *Patto Chalabre*, (médaille de bronze : exposition 1819).

Les *draps* exposés par ce manufacturier, sont remarquables par la bonne fabrication.

M. *Patureau*, de Troyes, (une des vingt médailles d'argent de l'exposition 1801),

A présenté des *piqués et des basins* bien fabriqués.

M. *Payn* fils, de Troyes, (une des

douze distinctions de première classe, équivalente à une médaille d'or : exposition 1798.

Pour *bonneteries en coton, basins* d'un beau blanc et bien fabriqués.

Le même, médaille d'or exposition (1802).

M. Payn est un des plus habiles fabricans de *bas de coton* que nous ayons en Fance. Les articles qu'il présente cette année, sont de la première beauté. La manufacture de M. Payn est importante par son étendue : ce fabricant obtint la distinction du premier ordre à la première exposition, le Jury lui décerna une médaille d'or.

MM. *Soucin* et *Lavocat*, de Troyes (mention honorable, exposition 1819),

Dont les produits annoncent des *tanneries* bien dirigées.

MM. *Teissère et compagnie*, de

Troyes, (mention honorable exposition 1819).

Etoffes et casimirs de coton, qui annoncent un bon cours de fabrication.

M. *Roizard*, de Troyes, (citation au rapport du Jury, exposition 1819),

Qui a exposé de la *bonneterie de coton*.

M. *Vinchon*, de Bligny (médaille de bronze : exposition 1802),

A exposé des *carafes, flacons et verres*, unis ou taillés, en cristal dit de Bohême, ou verre blanc sans acide métallique.

LETTRE QUINZIÈME.

Troyes a pris son nom des peuples *Celtes*, *Tricasses* ou *Trecasses*, que César n'a point connus, mais qu'Auguste a dû établir en corps de peuple ou de cité, puisqu'il est le fondateur de leur ville principale, qu'il appela *Augustobona*, nom qui a été en usage jusqu'au cinquième siècle. Pline fait mention des *Tricanes* parmi les Celtes, sans nommer leur ville *Augustobona*; mais Ptolémée la nomme ainsi; ensuite le nom du peuple a prévalu, et *Tricasses* a été corrompu en *Trecœ*, car tous les écrivains qui sont venus depuis Grégoire de Tours, appellent toujours Troyes *Trecœ*.

Lorsqu'on institua une quatrième Lionnaise, sur le déclin de l'empire romain, la ville de Troyes fut mise dans cette province; et depuis cette époque, les évêques de Troyes ont toujours reconnu celui de Sens, pour leur métropolitain. Après la chute de l'empire romain, Troyes tomba au pouvoir des Francs; et après la division de la France en Austrasie et Neustrie, cette ville fit partie de la Neustrie; en sorte que les rois de cette contrée en ont toujours eu la propriété ou la souveraineté. Le premier évêque de Troyes, Saint Amatre, vivait l'an 340. Il se tint un concile dans cette ville en 1638. Le 15 août 1787, le parlement de Paris fut transféré à Troyes, et le 20 septembre de la même année fut l'époque de son rappel.

Une culture laborieuse, point de vignes, un sol maigre et graveleux : tel est le tableau des environs de Troyes. Autour de cette ville, située en pays plat, de nombreux canaux de la Seine, distribués il y a plus de huit siècles par les soins de Henry 1.er, comte de

Champagne, donnent un admirable modèle des dérivations que tant d'autres rivières auraient pu recevoir. Ces canaux sont très utiles aux différents genres de fabrication ; ils sont aussi d'un grand secours contre les incendies auxquels une ville bâtie en bois est toujours exposée.

Troyes est la capitale de la Champagne ; ce titre lui avait été disputé par deux villes rivales, mais il lui a été solennellement confirmé au sacre de Louis XVI. Troyes est aussi bien bâtie que peut l'être une ville dont la plupart des maisons sont construites en bois, le pays manquant de pierre à bâtir, et ne fournissant ni argile propre à faire de la brique, ni charbon pour la cuire. La population de Troyes est nombreuse ; et si l'on voit la ville du haut de la tour Saint-Pierre, elle paraît très-bien percée, et surtout très-arrosée ; mais les campagnes environnantes ne sont point agréables. L'air y est très salubre ; malheureusement elle manque de bonne eau à boire, et aurait besoin de fontaines publiques tirées de sources d'eau vive.

La cathédrale de Troyes est un des plus beaux vaisseaux gothiques de France ; le chœur de cette église est pavé de marbre ; l'autel en est riche, les quatre basses-nefs sont libres et dégagées. Ses vitraux peints sont très-remarquables.

Les Comtes de Champagne faisaient leur séjour dans cette ville ; ils y avaient trois châteaux dont le principal subsiste encore. Ils avaient fait construire près de ce château, l'église de Saint-Etienne, qui leur servait de chapelle, et dans laquelle on voit encore quelques-uns de leurs tombeaux ; ceux qui sont dans le sanctuaire, sont revêtus d'orfèvrerie ; celui du comte Henri est placé au milieu du chœur de cette église qui possédait autrefois un grand nombre de manuscrits.

La basilique de l'église de Saint-Jean,

est remarquable par l'élévation et la souplesse de la voûte du chœur : l'architecture gothique brave toutes les règles, mais elle les surpasse quelquefois.

Un tableau de Mignard décore le maître-autel de Saint-Jean. Saint-Loup possède une châsse en vermeil, qui a été exécutée par un *Troyen*.

L'église de Saint-Urbain renferme aussi quelques mausolées de ses souverains ; elle se fait remarquer par la singulière délicatesse de son architecture : les croisées et le cintre du chœur sont d'une hardiesse prodigieuse.

On sait qu'Urbain IV était fils d'un cordonnier de Troyes; c'est lui qui fit bâtir cette église, et elle lui fut dédiée après sa canonisation. Les stalles de l'église sont encore décorées d'une tapisserie donnée par ce pontife, qui y fit représenter son père, coupant des souliers, et sa mère filant à côté de son mari (1).

L'hôtel-de-ville de Troyes a quelque apparence; la façade en est ornée de colonnes de marbre noir et d'une statue de Louis XIV. On y voit les bustes de plusieurs grands personnages qui sont sortis de cette ville, et un médaillon en marbre blanc, exécuté par *Girardon*, et qui représente Louis-le-Grand. Il y a aussi dans la même salle une table en marbre noir, sur laquelle l'admirable testament de Louis XVI est gravé en lettres d'or. On voit sur une petite place auprès de la maison municipale, une croix gothique faite d'une seule pierre, et dont la tige a vingt-quatre pieds.

La construction des boucheries de Troyes est remarquable : ce bâtiment

_____

(1) C'est Urbain IV qui a institué la fête du Saint-Sacrement.

est ouvert sur deux rues, et n'a pour entrées que deux portes basses; le soleil n'y a point d'accès, et le froid qui y règne écarte naturellement les mouches.

Troyes est la patrie de *Girardon*, de *Mignard*, de *Jean Passerat* et de l'abbé *Boutard*, qui composa en vers latins l'éloge de Bossuet. Ce prélat lui conseilla d'en composer un autre à la gloire de Louis XIV, et se chargea de le présenter lui-même. Le roi récompensa l'auteur, et Bossuet lui procura des bénéfices. L'abbé Boutard, se trouvant riche, s'imagina avoir des talens extraordinaires pour la poésie : il ornait de ses vers tous les monumens érigés en l'honneur du Roi, et se croyait obligé de ne laisser passer aucun événement remarquable du règne de ce prince, sans le célébrer : cependant le public méprisa la versification commune et les pensées obscures de ce poète.

La ville de Troyes a donné naissance au P. *Caussin*, confesseur de Louis XIII, et auteur d'un ouvrage intitulé : *La Cour sainte*. Ce jésuite favorisa la passion du Roi pour mademoiselle de La Fayette; on sait que cette liaison pouvait servir à faire rappeler la reine-mère, et disgracier le cardinal de Richelieu; mais le ministre l'emporta sur la maîtresse : mademoiselle de La Fayette fut obligée de se retirer dans un couvent, et le P. Caussin fut arrêté et relegué en Bretagne; il ne revint à Paris qu'après la mort du cardinal.

Il existe à Troyes une école de dessin fondée en 1773; elle est fréquentée par un grand nombre de jeunes gens.

LETTRE SEIZIÈME.

La ville de *Bar-sur-Aube*, (*Barum ad Albulam*) fut ruinée par Attila, qui y fit mourir sainte Germaine. Il y avait autrefois, dans cette ville, des quartiers séparés pour les Allemands, les Hollandais, les Lorrains et les marchands d'oranges. Il s'y tenait quatre foires franches par an. Les Juifs avaient une synagogue à Bar-sur-Aube; les comtes de Champagne y possédaient un château, ruiné à la fin des guerres des ducs de Bourgogne. Les églises de Bar sont décorées de flèches qui relèvent avantageusement l'aspect de cette petite ville. Le chemin qui conduit de Bar à Clairsouval est situé entre des coteaux couverts de vignes, et forme une promenade charmante. On voit sur une montagne voisine de Bar-sur-Aube les ruines d'un château détruit par les vandales.

La petite ville de *Vandœuvre* est arrosée par un ruisseau, sur lequel on envoie, à bûches libres, du bois de corde à Paris. On trouve de très-jolies maisons dans les campagnes voisines.

La ville de *Bar-sur-Seine* (*Barum ad Sequanam*) était considérable avant le désastre qui lui arriva en 1357, où elle fut prise par certains *Robeurs lorrains*, qui détruisirent plus de six cents bons hôtels, dit Froissard. Le roi Jean, touché de ce malheur, lui accorda, en 1362, une foire franche, avec ses droits, pour aider à la réparer.

Sous Thibault, comte de Champagne, en 1231, cette ville était gouvernée par un maïeur et douze échevins; elle possédait, avant la révolution, un chapitre de trois chanoines qui étaient autrefois chapelains des comtes de Bar. La coutellerie de Bar-sur-Seine est renommée.

L'abbaye de *Clairvaux* (*Clara-Vallis*)

était une des plus célèbres et des plus riches du royaume; elle fut fondée en 1115, par Hugues, comte de Troyes, et Etienne, abbé de Citeaux. La bibliothèque de ce monastère était une des plus précieuses qui existassent alors. La révolution a fait de ce monastère une maison de réclusion.

La petite ville de *Méry* n'est guère composée que d'une seule rue. La flèche de son église perce au travers des arbres touffus, et se voit d'assez loin.

Le surintendant Bouthillier de Chavigny a fait bâtir dans la ville de Pont-sur-Seine (*Pons ad Sequanam*) un superbe château qui est du dessin et de l'exécution de Lemuet, un des habiles architectes de son temps.

On trouve près de *Nogent-sur-Seine* et sur le ruisseau d'Ardusson, la célèbre abbaye du *Paraclet*, fondée par *Abailard*, et dont *Héloïse* fut la première abbesse. Elle donne elle-même la description de ce monastère, dans son épître à *Abailard*, dont la traduction a immortalisé *Collardeau*; la voici :

De ces remparts sacrés l'enceinte est ton ouvrage;
Et tu nous fis trouver, sur des rochers affreux,
Des campagnes d'Eden l'attrait délicieux.
Retraite des vertus, séjour simple et champêtre,
Sans faste, sans éclat, tel enfin qu'il doit être;
Les biens de l'orphelin ne l'ont point enrichi;
De l'or du fanatique il n'est point embelli :
La piété l'habite, et voilà sa richesse.

Au milieu des ruines de l'église du *Paraclet* on a conservé le caveau qui renfermait les cendres d'*Héloïse* et d'*Abailard*. Le monument élevé sur leur tombe, n'a point échappé aux mains sacrilèges du vandalisme; mais il a été recueilli et réuni au muséum de la rue des Petits-Augustins, à Paris.

M. *Alexandre Lenoir*, créateur de ce Muséum, y a conservé le monument, et nous devons à ce savant une notice très-curieuse sur ces amans célèbres.

Madame *de Roucy*, dernière abbesse

du Paraclet, avait donné tous ses soins à la restauration du monument qui décorait la tombe d'*Héloïse* et d'*Abailard*. Elle demanda et obtint de l'Académie des Inscriptions et Belles-Lettres l'épitaphe latine que voici:

†

Hic
Sub eodem marmore jacent
Hujus monasterii
Conditor Petrus Abælardus
Et abbatissa prima Heloïssa
Olim studiis, ingenio, amore, infaustis nuptiis
Et pænitentiâ,
Nunc æternâ, quod speramus, felicitate
Conjuncti.
Petrus obiit xx aprilis anno 1142.
Heloïssa xxii mai 1163.
Curis Carolæ de Roucy, Paracleti abbatissa.
M. D. CC. L. XXIX.

On a planté devant le monastère de longues avenues. Une cour assez grande forme la première enceinte; à gauche est la maison abbatiale, attenante aux dortoirs. Les jardins du Paraclet n'annoncent point le faste d'une abbaye royale; la clôture n'en est pas très-étendue. On entre de la première cour dans une plus petite, où sont les parloirs, et où se trouve la porte extérieure de l'église.

On croit que c'est encore la chapelle qui fut bâtie par Abailard : elle est très-simple. Le tombeau d'Héloïse et d'Abailard, que l'on voit aujourd'hui au cimetière de l'est, à Paris, était placé à gauche du maître-autel.

Le village de *Quincy* domine le couvent et tient à son enceinte, par une suite de cabanes couvertes en chaume, et qui descendent sur la croupe du coteau.

Vous savez, Madame, que l'abbaye du Paraclet, vendue au profit de l'État pendant la révolution, a été adjugée au célèbre comédien Monvel : voilà de ces coups du sort dont la bizarrerie doit surprendre. Si l'on examinait ainsi dans quelles mains ont successivement passé les monumens les plus remarquables de la France, on ferait peut-être des observations très-piquantes.

Les religieuses du Paraclet célébraient l'office en grec, le jour de la Pentecôte; voulant par-là rendre hommage à la mémoire d'Héloïse, qui se distinguait par la connaissance du grec, dans un temps où cette langue était peu cultivée.

On a chassé de leur domaine religieux des vierges sacrées; un fermier ignorant occupe les lieux illustrés par Héloïse; il accuse d'inutilité ces voûtes qui semblent encore répéter le nom d'Abailard; il méprise la stérilité de ces gazons encore humides des pleurs de la fidèle amante. Déjà le soc fend la terre; un vaste champ, vide de souvenirs, et où croîtront à plaisir l'oseille et la laitue, va remplacer l'asile de l'amour et de la constance.

Abailard, poursuivi par ses adversaires, se sauva sur les terres de Thibaud IV, comte de Champagne; il y bâtit un oratoire dans le diocèse de Troyes. Cette solitude fut bientôt peuplée de disciples, qu'attirait en foule la réputation du maître; alors, il lui donna le nom de Paraclet (de *paracleo, je console*), pour la mémoire des consolations qu'il avait reçues dans son ermitage. Cependant, des maîtres moins habiles, indignés de perdre les nombreux élèves qui suivaient Abailard dans son désert, lui suscitèrent tant de persécutions, qu'ils le forcèrent d'abandonner le Paraclet; et lorsque Suger, abbé de Saint-Denis, par des raisons que ses panégyristes mêmes n'ont pas approuvées, eut chassé d'Argenteuil les religieuses dont Héloïse était devenue la supérieure, Abailard leur offrit un asile dans son oratoire du Paraclet.

Abailard, devenu abbé de Saint-Gildas de Ruis, fut condamné au concile de Soissons, et obligé de jeter lui-même au feu l'un de ses écrits, humiliation qui lui fut plus douloureuse que ses autres malheurs. L'acharnement fut poussé si loin, qu'on reprocha à Abailard le nom de Paraclet donné par lui au monastère qu'il avait fondé, comme si un malheureux ne pouvait donner l'épithète de *consolateur* à l'asile où il avait enfin trouvé le repos.

Agité par tant de querelles, alarmé de tant de dangers, Abailard paraissait oublier Héloïse, lorsqu'une lettre, adressée par lui à un ami, et qui contenait l'histoire de ses malheurs, étant tombée entre les mains de cette tendre fille, et ayant rallumé dans son cœur toute l'ardeur d'une passion que le temps n'avait pu éteindre, donna lieu à cette lettre touchante d'Héloïse, dont on peut dire :

Spirat adhuc amor
Vivuntque commissi calores
Æoliæ fidibus puellæ.

Pétrarque a immortalisé Laure; c'est Héloïse qui a immortalisé Abailard.

Pierre-le-Vénérable reçut Abailard dans son abbaye de Clugny; il lui apprit à pardonner, en lui accordant à lui-même le pardon de ses fautes et de ses erreurs; il recueillit enfin ses derniers soupirs; et, touché d'une passion que tant de traverses et de constance rendaient respectable, il envoya à Héloïse les cendres de son ami.

Avant la révolution, les restes de Voltaire reposaient dans l'abbaye de Sellières, située près du Paraclet.

La ville de *Nogent-sur-Seine* est petite et n'est pas jolie.

Les campagnes de Nogent sont charmantes. Le cours de la Seine est indiqué par des saules qui suivent ses contours; le fleuve roule ses eaux argentées dans la prairie; ses bords frais sont environnés de vastes champs découpés par des arbres, et de collines enrichies de ces superbes végétaux qui font l'honneur des campagnes. Ici la Seine orgueilleuse semble déjà fière de porter ses eaux à la grande cité.

Les belles plaines d'Arcis-sur-Aube sont devenues le tombeau de guerriers français, lorsque Bonaparte refusait avec tant d'opiniâtreté une paix qui lui était offerte. Toute la Champagne a souffert des invasions étrangères; mais il faut avouer que quelques communes des départemens de l'Aube et des Ardennes auraient été ruinées, si les gouvernemens des Alliés n'étaient point venus à leurs secours. M. *Has*, général prussien, commandant de Charleville, a pris particulièrement des mesures très-louables pour soulager les habitans du nord de votre province : aussi ont-ils saisi toutes les occasions de témoigner leur reconnaissance à cet officier-général. On ne pouvait s'empêcher d'admirer l'excellente discipline de l'armée prussienne, et de rendre grâce à la sagesse, à la justice et à la fermeté de Sa Majesté le roi de Prusse. Mes compatriotes n'ont jamais imploré en vain l'auguste protection de ce vertueux Monarque.

LETTRE DIX-SEPTIÈME.

Chateau-Thiéry et La Ferté sont les seules villes champenoises du département de *l'Aisne*, qui est presqu'entièrement formé de l'ancienne province de Picardie. Cette partie de la France, après avoir été successivement occupée par les Gaulois, les Romains et les Francs, est devenue le berceau de la monarchie. Une auguste princesse vient encore de la visiter.

Je vous prie, Madame, de me permettre de parler, dans cette lettre, de quelques autres villes du département de l'Aisne, et j'espère que de si puissans motifs me feront pardonner cette petite excursion; mais comme je ne veux pas toutefois mériter votre courroux, je m'empresserai d'entrer dans la Brie champenoise.

« Vous savez, Madame, que Château-Thiéry a vu naître *La Fontaine*, et que la petite ville de la Ferté-Milon qui n'en est éloignée que de quelques lieues, a donné naissance à *Racine* qui fut baptisé dans l'ancienne chapelle de l'église de Saint-Vast. « Le 22.me de décembre 1639, portent les registres de cette paroisse, fut baptisé Jehan, fils de Jehan Racine, procureur du roy ».

La petite ville de *Fismes* (*ad fines*) est remarquable par deux conciles provinciaux qui s'y sont tenus, l'un en 735, et l'autre en 881. C'est la patrie d'Adrienne Lecouvreur.

La petite ville de *Roucy* (*Rauciacum*) était un ancien domaine de l'église de Reims. Un fragment de la Chronique de Fontenelle marque que Charles-le-Chauve, revenant des environs de la Meuse, en 851, tint l'assemblée de la nation à Roucy, et qu'il y reçut les dons annuels (*dona annua*).

En 940, Reinold, fils de Herbert,

comte de Vermandois y fit bâtir une forteresse. Elle fut assiégée par Hugues-le-Grand, duc de France, qui voulait se venger sur cette place de l'affront qu'il venait de recevoir devant Soissons, dont il avait été obligé de lever le siége; mais ses troupes furent repoussées à Roucy en 948, et la paix se fit avec Louis d'Outremer en 950.

Les descendans de Reinold jouirent du comté de Roucy pendant 450 ans. Jeanne, héritière de cette maison, épousa, sous Charles VII, Robert de Sarrebruck, sire de Commercy. Catherine, leur arrière petite-fille, porta le comté de Roucy à son mari, Antoine de Roye, d'où il a passé dans la maison de la Rochefoucault.

Le Bourg de *Villers-Cotterets* (*Villaris ad collum Retiæ*) est situé à l'entrée du bois de Reitz dont il tire son nom corrompu de *Ville côte de Retz*. Cette forêt a trois lieues d'étendue et contient plus de 24 mille arpens. Le château de

Villers-Cotterets a été bâti par les ducs de Valois. Villers-Cotterets a donné naissance à l'un de nos plus aimables poètes, *Demoustier*, qui fut trop tôt enlevé aux Muses, et dont la famille habite encore la Champagne.

Soissons est située dans une vallée fertile arrosée par la rivière d'Aisne, et entourée de coteaux, si peu variés en hauteur qu'on les prendrait pour des retranchemens faits à la main. L'ancienne capitale de Clotaire se présente avec peu d'avantages ; les maisons sont ensevelies sous de hauts remparts, et l'on n'apperçoit que les flèches des églises. Soissons (*augusta Suessonum*) a pris, comme on voit, son nom des peuples Suessiones. Elle s'appelait auparavant *Noviodunum*, et elle était célèbre du temps de Jules César, qui remarque que Divitiacus, son roi, avait été un prince illustre et puissant. Auguste abolit le nom de Noviodunum qu'avait cette ville, pour lui donner le sien.

Cette cité fut la capitale des États de quelques-uns de nos rois de la première race, qu'on nommait rois de Soissons. Clovis gagna près de Soissons, une fameuse bataille contre Siagrius, en 486. En 922, il s'y en donna une autre que perdit Charles-le-Simple, qui y tua de sa main Robert de Paris, son compétiteur. Une partie de l'ancien comté de Soissons fut réunie à la couronne en 1566.

On se rappelle la conduite que tint Clovis envers un soldat qui lui refusa à Soissons, dans le partage du butin fait à Reims, un vase qu'il réclamait. Clovis dissimula son courroux, mais reconnaissant un jour ce guerrier dans une revue qu'il passait de son armée, il jette à terre l'arme du soldat, prétextant qu'elle était dans un mauvais état; pendant que celui-ci se baissait pour la ramasser, le prince lui fendit la tête d'un coup, en lui disant : *Souviens-toi du vase de Soissons.*

On voyait encore à Soissons, en 1819, une partie des murs de l'ancien palais d'Ebroin, maire du palais sous Thierri II. Il ne reste plus de l'ancien monastère de Saint-Médard que la prison où fut détenu Louis-le-Débonnaire. Ce prince faible fut obligé de se rendre à Lothaire son fils, qui, proclamé empereur à la place de son père, le fit enfermer, exila l'impératrice à Tortone, et Charles son fils, dans l'abbaye de Pruym. Lors de son passage à Soissons, madame la duchesse de Berri a visité l'antique monastère de Saint-Médard. S. A. R. descendit dans le caveau où fut détenu l'infortuné Louis-le-Débonnaire: elle se promena ensuite dans les jardins de l'abbaye où elle daigna témoigner sa satisfaction à M. Geslin, à qui l'on doit la conservation de ce monument. Madame la duchesse de Berri a voulu voir le château de M. le marquis de Barin, et la chambre qu'avait occupée Henri IV.

L'évêché de Soissons date des premiers temps de l'église; son évêque a droit de sacrer nos rois, au défaut de l'archevêque de Reims; ce qui a été pratiqué aux sacres de saint Louis, de Philippe-le-Hardi et de Louis XIV. Pepin, dit le Bref est le premier de nos rois qui se soit fait couronner et sacrer. La cérémonie se fit dans la cathédrale de Soissons, par saint Boniface, légat du Pape et archevêque de Mayence.

La construction de la cathédrale de Soissons ne paraît pas remonter au-delà de six siècles. Ce monument n'est pas sans beauté : sa voûte est simple et facile; le marbre est employé dans toutes les chapelles; l'entrée de la sacristie est décorée avec intelligence. Le portail de saint Gervais est très-simple, mais il serait d'un bon effet, si la seconde tour avait été finie. Les eaux qui abreuvent Soissons y sont amenées par des conduits depuis la montagne Sainte-Geneviève, qui est à peu de distance des dernières maisons du faubourg de Reims.

Soissons a trois belles promenades, ses deux remparts et le mail. En se promenant sur les remparts de cette ville, du côté de Saint-Jean-des-Vignes, on voit, sous une côte qui fait la continuité de Sainte-Geneviève, une flèche en pierre qui s'élève sur la tête des arbres; c'est celle de l'église de Belleu. La côte qui couvre ce village est plantée de taillis et couverte de broussailles, parmi lesquelles l'épine-vinette est abondante, ce qui lui donne un très-joli aspect.

Les habitans de Soissons m'ont paru roides à l'abord; mais vous savez que de semblables observations ne méritent souvent que très-peu d'importance : ne croyez pas cependant que je juge d'une ville par mon auberge; comme cet Allemand dont l'hôtesse à Blois se trouva rousse et criarde.

Le village de *Juvigny* près de Soissons est entièrement miné de carrières comme le faubourg Saint-Marcel de Paris.

On trouve près de Courcelles un château resté imparfait : on le nomme Cerseuil-la-Folie. Il fut donné au diable, et ce propriétaire négligent a gardé sa maison dans l'état où il l'a reçue; c'est du moins ce que rapporte la tradition du pays. La vétusté des tours du château de la Folie en a échancré les sommets, mais le corps de l'édifice a résisté au temps par la solidité de sa construction. Un des possesseurs de ce château, M. le comte d'Egmont-Pignatelli, y avait fait disposer des salles, des cabinets et des boudoirs dans le goût moderne; ce qui faisait, dit-on, un contraste singulier avec les formes massives du dehors.

Coucy figure dans l'histoire par divers siéges qu'elle a soutenus. Cette ville, une de celles dont Clovis récompensa les services que saint Remi lui avait rendus, fut d'abord possédée par les archevêques de Reims; elle passa, vers le douzième siècle, dans l'illustre maison de Coucy, dont le nom se rattache si glorieusement aux fastes de la monarchie, et elle fut ensuite acquise par la maison d'Orléans.

Enguerrand III, sire de Coucy, fit bâtir le château sur les ruines de celui qui avait été construit par Hervé, archevêque de Reims, et il environna la ville de murailles et de tours. Ce seigneur se rendit célèbre par sa bravoure. Vous vous rappelez, Madame, l'histoire ou le roman des amours du châtelain de Coucy et de la dame de Fayel, Gabrielle de Vergy.

Madame la duchesse de Berri, accompagnée de madame la maréchale de Reggio, visita aussi l'antique château de Coucy. S. A. R. demanda à voir l'appartement où Gabrielle d'Estrées mit au jour César, duc de Vendôme, dont la naissance est constatée par une inscription qui est conservée dans la maison de madame de Romery. On sait que, durant le siége de la Ferté-Milon, Henri IV se dérobant à toute sa cour, traversait sous un simple déguisement la forêt et les postes des ligueurs, et parvenait, à travers mille dangers, jusqu'au château de Cœuvres, habité alors par la belle Gabrielle.

La *Fère* est située dans un endroit marécageux, au confluent de la Serre et de l'Oise. Cette ville était l'une des plus fortes de la France; mais, depuis Louis XIV, elle n'a plus qu'une enceinte de murailles, et quelques écluses, au moyen desquelles l'Oise peut inonder le pays à une assez grande distance. On a vu toutes les magnificences de la Fère quand on a visité ses casernes. Le roi Eudes mourut dans cette ville en 898. Depuis cette ville jusqu'à Laon, la terre est remplie de pierres lenticulaires et de dentales; on trouve des mines d'alun dans les villages de Bouris et de Couvigni. On trouve à Suzy des lits d'une terre inflammable qui font apercevoir des parcelles de succin, et dont la cendre améliore les terres.

Noyon (*Noviodunum*) n'était pas très-considérable sous l'empire romain, parce que la capitale des peuples Vermandois était la ville d'Auguste, aujourd'hui Saint-Quentin, située sur la Somme. Lorsqu'elle fut détruite par les barbares, l'évêque de Vermandois se retira à *Noviomagum*, changé par corruption en *Novionum*, Noyon. Cette ville était la demeure d'un préfet pour les Romains. Chilpéric y fut enterré en 721 ; quelques auteurs prétendent que Charlemagne y fut couronné, en 768. Hugues-Capet y fut élevé à la royauté, en 987 ; et en 1516 François I.er y conclut un traité avec Charles-Quint.

Les Normands saccagèrent cette ville dont César s'était rendu maître. Elle fut brûlée dans les onzième, douzième et quinzième siècles. Du temps de la ligue elle fut prise et reprise plusieurs fois; et enfin elle fut rendue à Henri IV, en 1594. L'évêché de Vermandois fut transféré à Noyon, sous l'épiscopat de saint Médard, en 531.

Dès l'an 1108, les habitans de Noyon jouissaient du droit de commune établi par l'évêque Albéric, et confirmé par Louis IV, dit le Gros, et par Louis VI.

L'église cathédrale a été bâtie par Pepin-le-Bref et par Charlemagne, son fils; sa voûte manque d'élévation; le chœur est richement pavé, le sanctuaire magnifique, et l'autel d'une simplicité majestueuse. L'abbaye de Saint-Eloy qui a été fondée par le saint lui-même, possédait autrefois son tombeau.

La ville de Noyon, petite en son enceinte, irrégulière dans ses rues, et n'ayant guère que des maisons de bois, a cependant des remparts bien couverts et une autre promenade sous les fossés. Les établissemens les plus nécessaires manquent quelquefois dans la plupart des villes de France, mais on y trouve toujours des promenades. La place de Noyon, qu'on appelle la grande, est fort petite. On dit par sobriquet les *friands de Noyon*, parce qu'on fait d'excellentes pâtisseries dans cette ville.

François de Maucroix, le fidèle ami du bon La Fontaine, était né à Noyon. Cette ville a donné naissance à Calvin.

La petite ville de *Chauny* (*Calniacum*) située à la jonction de l'Oise avec le canal de Saint-Quentin, est presque d'une seule rue; le château du village de Genlis est bâti au milieu d'un étang; on peut y pêcher de la fenêtre, et prendre des grenouilles sans sortir de sa chambre.

Saint-Quentin est la capitale du Vermandois, qui comprend une partie du pays occupé autrefois par les *Veromandui*, dont il a emprunté le nom. L'abbé Belley dit que cette ville est l'*augusta Veromanduorum*; Cluvier et

Sanson désignent sous ce nom le village de Vermand.

Cette ville ayant été saccagée par les barbares, l'évêque saint Médard se retira, en 531, à Noyon; mais dans la suite le corps de saint Quentin ayant été retrouvé dans les masures de la ville, cette cité se rétablit par la dévotion que les peuples portaient à la mémoire de ce saint, et la foule qu'elle y attira.

Les défaites de Crécy, de Poitiers et d'Azincourt, n'ont pas été plus funestes à la France, que ne le fut la victoire remportée à Saint-Quentin par les Espagnols, en 1557.

La côte de Saint-Quentin, qui domine la rivière, est charmante; elle se prolonge au-dessus de la ville, et partout elle est d'un aspect champêtre et gracieux. Ce pays est le Luxembourg français; il touche au Luxembourg allemand : aussi y parle-t-on mal les deux langues.

Le château de la ville de Guise soutint un long siége contre l'armée d'Espagne, en 1650; la levée de ce siége sauva tout le pays.

François I.er en fit don, en 1527, au prince Claude de Lorraine, qu'il créa duc de Guise et pair de France, et dont le duché s'étendait dans les provinces de Picardie et de Champagne. Sa maison devint si puissante, que, dès le règne de ce prince, elle commençait déjà à porter ombrage à la cour, comme le prouve ce vieux quatrain :

> Le feu roi devina ce point,
> Que ceux de la maison de Guise
> Mettraient ses enfans en pourpoint
> Et son pauvre peuple en chemise.

La ville de *Vervins* située sur une hauteur au bord de la Serre est célèbre par le traité de paix qui s'y conclut, en 1598, entre Henri IV, roi de France, et Philippe II, roi d'Espagne.

LETTRE DIX-HUITIÈME.

La petite ville de *Montcornet* (*Mons Cornutus*) située sur une montagne, au bord de la Serre, a une manufacture de serges. *Rosoy*, et la plupart des villages des environs de Laon, sont assez bien bâtis et entourés de sites charmans.

Laon (*Laodunum, Lugdunum clavatum*) a été le siége des rois de la seconde race, dans le dixième siècle. Laon fut érigé en évêché, l'an 496, sous le règne de Clovis. Le bailliage de Laon était, dit-on, le plus ancien de France; il avait été institué par Philippe-Auguste, en 1180. Arnaud de Pompone de Bellièvre, si connu dans l'histoire de François I.er, avait été lieutenant-général de cette ville; le fameux Bodin en fut procureur du roi; persécuté et pillé par les ligueurs, comme royaliste, il mourut de chagrin à Laon, en 1596.

La ville de Laon située sur une montagne de cinquante toises de hauteur (*vide spectaculum naturæ*), isolée de toutes parts, domine une vaste plaine. On ignore la date de la construction de la cathédrale; on sait seulement qu'en 1112, elle fut très-maltraitée par un incendie. Les bases et les chapiteaux sont tous d'ornemens différens. Les tours, dont l'une était surmontée d'une flèche, sont remarquables par leur délicatesse et leur élégance.

Il y avait autrefois près de l'église une pierre dont le grain était fort dur et qui cependant était remplie de clous. On dit que les Laonnais consultaient cette pierre en beaucoup de cas : elle leur prédisait le bon et le mauvais temps, les stérilités ou les abondances, et la paix ou la guerre.

Il ne reste des bâtimens de l'abbaye.

de Laon que la porte d'entrée et les murs d'une ancienne église, servant de clôture du côté du midi. Lorsque l'on distribua cette abbaye pour en faire le siége de l'administration départementale, on fut obligé de démolir l'église qui se faisait remarquer par son architecture gothique. Une partie du portail fut enlevée avec soin et rétablie dans les jardins de la préfecture, où elle offre l'image d'une belle ruine.

Lorsque madame la duchesse de Berri passa à Laon, des drapeaux fleurdelisés flottaient aux fenêtres de toutes les maisons. Long-temps avant l'arrivée de l'auguste princesse, la population s'était réunie sur les hauteurs qui bordent la route. Cette foule immense, assise et groupée en amphitéâtre, formait un tableau mouvant et varié. Des salves d'artillerie annoncèrent l'approche de S. A. R. Aussitôt qu'elle parut, tous les habitans firent retentir l'air de leurs acclamations.

Plusieurs jeunes demoiselles s'étaient réunies pour offrir des fleurs à madame la duchesse de Berri. L'une d'elles, mademoiselle de Talleyrand, adressa à S. A. R., avec toutes les grâces de l'enfance, un petit compliment que la princesse paya des plus douces caresses.

On trouve sur la route de Laon à Liesse, une forêt dans laquelle le chemin est très-difficile. Une tradition populaire dit que les Prémontrés obtinrent cette forêt presque gratuitement; elle ne leur coûta qu'un œuf, et voici le conte : Un seigneur donna ses bois à l'abbaye de Saint-Martin de Laon, sous la condition d'être nourri par les religieux; on lui servit des œufs à son premier repas : il n'en mangea qu'un et mourut à l'instant.

Le bourg de *Liesse* (*Nostra Domina de lætitia*) ne consiste guère que dans une seule rue, habitée par des aubergistes ou par des marchands de chapelets, dont les pélerins se munissent et qu'ils font bénir sur l'autel. Les orfèvres vous livrent ici une bague d'argent pour quatre sous.

Rien n'est plus attendrissant que la piété de quelques vieux couples qui viennent, souvent de loin, à Liesse, pour remercier la Sainte Vierge de grâces qu'ils ont reçues.

Madame la duchesse de Berri vient de porter ses offrandes sur l'autel de cette simple chapelle. S. A. R. a recueilli dans tous les lieux de son passage, les témoignages les plus vifs du dévouement des habitans (1).

Le village de *Salency* est situé au pied d'une colline et dans une vallée couverte. C'est dans cette terre que saint Médard a su naturaliser la vertu. Le vœu de l'instituteur, depuis douze

---

(1) M. *Pingret* a présenté au Roi, le 2 avril 1822, un tableau représentant S. A. R. à Notre-Dame de Liesse.

siècles, n'ayant pas été trompé, on peut espérer que cette institution religieuse ne périra jamais. Les Salenciennes ont toutes un air de santé et de bonheur. On ne couronne qu'une fille chaque année, mais aucune d'elles n'est indigne de cet honneur; et quoi que la modestie fasse, elle se trouve le plus souvent révélée. Dans ce cas, on a vu de pudiques triomphatrices souffrir de leur gloire, et en vouloir reporter les rayons sur une autre vierge.

D'estimables curés de campagne, ont fait dans leurs paroisses le même établissement, et le succès a toujours couronné les soins qu'ils prenaient de protéger l'innocence. Des institutions aussi utiles seraient établies presque partout, si leurs fondateurs n'avaient point à redouter aujourd'hui les sarcasmes de quelques esprits forts du siècle. Croirez-vous, Madame, que l'un des propriétaires du domaine de Salency, M. D. n'a pas rougi de refuser le paiement annuel qu'il devait à la Rosière? Vous connaissez le roman de la *Rosière* : madame de Genlis y a peint les mœurs champêtres avec les couleurs de la nature.

Madame la duchesse de Berri a visité le village de Salency, et, grâce au zèle de M. *de Devise*, maire, tout fut prêt en un instant pour la cérémonie du couronnement. La rosière, conduite par mademoiselle de Devise, fut menée à l'église, où elle reçut la rose des mains de la petite-fille de saint Louis.

L'ancien nom latin de la capitale de la Brie champenoise, est *Gatimum*, que Ptolemée place sous le peuple Meldi. On a dit avec le temps *Meldorum urbs*, et enfin *Meldi*.

Le territoire de *Meaux* faisait partie de la Belgique; il passa ensuite dans la Gaule Lyonnaise, et enfin il appartint à la province de Sens, qui a été la métropole de Meaux jusqu'à la fin de l'année 1622, que Paris fut érigé en métropole. Cette ville était très-considérable sous la première race des rois de France; elle devint la première où le calvinisme prit faveur, et par conséquent, une de celles qui ont le plus souffert des guerres sacrées.

Lagny est ce bourg fameux dont un duc de Lorge fit insulter les femmes dans un bal qu'il leur donna; c'est depuis cet affront public que les passans indiscrets qui en rappellent le souvenir aux habitans de Lagny, sont baignés, en quelque saison que ce soit, dans la fontaine du lieu. De semblables usages prouvent l'attachement que nos pères portaient à leurs compatriotes: pour eux une cité était une famille.

La ville de *Provins* (*Provignum castrum*) située sur les petites rivières de Morin et de Vouzie, était connue du temps de Charlemagne, car il en est fait mention dans les anciennes chroniques et dans les vieux cartulaires. Les comtes de l'ancienne maison de Vermandois, de Blois et de Chartres, possédaient cette ville avant qu'elle fut réunie à la couronne. Les comtes de Champagne firent long-temps leur séjour dans un palais qu'ils y bâtirent à ce dessein. C'est dans ce palais que Thibaud-le-Grand fit écrire, avec le pinceau, les chansons qu'il avait composées pour la reine Blanche. Provins a de petites murailles qui forment comme un rideau autour de ses remparts.

La ville de *Sens* (*Senonum*, *Agetineum*), autrefois capitale du peuple Senonais, est aujourd'hui pauvre et mal bâtie. Les Senonais ne purent arrêter les conquêtes de César dans les Gaules, et ils se trouvèrent mal de leur révolte contre ce général. L'empereur Julien soutint dans cette ville un siége contre les Germains.

En 940, Sens était au pouvoir de Hugues-le-Grand, duc de France. Le roi Robert prit cette ville et la réunit à la couronne, en 1015. Les habitans de Sens ne veulent être ni Champenois ni Bourguignons, mais Gaulois : voilà une singulière fantaisie.

La ville de *Joigny* (*Joviniacum*) n'était d'abord qu'un château fort, clos de murs, près duquel il se forma une ville en 1414; le pont n'existait pas en 978. La situation de cette ville est riante; elle est bâtie sur un coteau au bord de l'Yonne.

On dit que les habitans de Joigny étaient autrefois les premiers tambourineurs de France : le maire et les échevins eux-mêmes avaient toujours un tambour en écharpe, et les juges de la ville battaient la caisse en siégeant au tribunal. Ce fait ne serait pas plus extraordinaire que le conte des Pantins que quelques-uns de nos conseillers de grand'chambre faisaient danser dans leurs bonnets pendant l'audience, sans que cette petite distraction diminuât jamais leur gravité ordinaire : c'eût été le cas de leur appliquer le mot du poète : *summi sunt, homines tamen*. On fait bien d'autres histoires sur les habitans de Joigny; et il n'y en a pas une à leur avantage : de là vient peut-être qu'ils sont malins et moqueurs; car si vous faites d'un peuple un objet de railleries, si vous lui imputez des torts, et si vous lui donnez des sobriquets, il restera peu sociable, ou il le deviendra. Toutefois les goûts ont changé; on n'entend presque plus battre la caisse à Joigny, et l'on s'y occupe, comme ailleurs, des affaires publiques.

TABLE.

Pag.

Dédicace à madame la comtesse de Genlis. VI
Avis de l'éditeur. IX

Lettre première.

Ancienne province de Champagne. 1
Productions de cette province. 5

Lettre deuxième.

Comtes héréditaires de Champagne. 10
Réunion de la Champagne à la couronne. 12
Capitale de la Champagne. 14
Caractère des Champenois. 15

Lettre troisième.

Département des Ardennes. 19
Sa culture, ses productions principales et son industrie. id.
Énumération motivée des récompenses accordées à MM. les manufacturiers de ce département. 24

Lettre quatrième.

Histoire naturelle des Ardennes. 40
Rocroi et Charleville. 43

TABLE.

Pag.

LETTRE CINQUIÈME.

Mézières et Sedan.	45
M. le Vicomte Harmand d'Abancourt, préfet des Ardennes.	id.
M. de Guerville, maire de Sedan.	46
Carignan, Stenay, Givet, Rethel.	47
Attigni; M. Bouillard, notaire royal.	48
Caractère des Ardennois.	49
M. Delvincourt, provicaire de l'archevêque de Reims; Clergé du département : MM. Damery, Beuret, Lecomte et Cousinard.	51

LETTRE SIXIÈME.

Dissertation agricole sur la chasse, occupation favorite des propriétaires de la Champagne.	53

LETTRE SEPTIÈME.

Département de la Marne; son histoire naturelle.	62
Châlons; Académie de cette ville.	63
Courtisols.	64
Éperney.	65
Sézanne et Vitri-le-Français.	66
Sainte-Ménéhould et Reims.	67

Pag.

LETTRE HUITIÈME.

Productions du département de la Marne; son industrie. 69

Énumération des récompenses accordées à MM. les fabricans de ce département. 72

LETTRE NEUVIÈME.

Reims. Sacre des rois de France. 84

Mission de Reims : M. de Forbin-Janson; M. de Bombelles, et M. de Villèle, évêque de Soissons. 91

LETTRE DIXIÈME.

Département de la Haute-Marne; ses productions. 94

Énumération des distinctions accordées à MM. les manufacturiers de ce département. 97

LETTRE ONZIÈME.

Chaumont, Vassy et Joinville. 100

M. le baron de Thosse, correspondant du conseil royal d'agriculture. 102

LETTRE DOUZIÈME.

Saint-Dizier, Bourbonne-les-Bains et Langres. 108

LETTRE TREIZIÈME.

Département des Vosges; Canton de Vaucouleurs. 120

Tuscy et Donremy. 121 et 122

M. le comte de Lindorff, colonel prussien. 122

M. le duc de Choiseul, M. d'Avrigny. 125 et 126

Lettre quatorzième.

Département de l'Aube; ses productions et son industrie. 131

Énumération des distinctions accordées à MM. les fabricans de ce département. 133

Lettre quinzième.

Troyes, capitale de la Champagne. 141

Lettre seizième.

Bar-sur-Aube. 149

Vandœuvre, Bar-sur-Seine et Clairvaux. 150

Méry et Pont-sur-Seine. 151

Nogent-sur-Seine. 151 et 159

Paraclet et Sellières. id.

Sa Majesté le roi de Prusse. 160

Lettre dix-septième.

Département de l'Aisne. 161

Château-Thiéry, Fismes et Roucy. 162

Villers-Cotterets et Soissons. 163 et 164

Juvigny, Courcelles et Coucy. 168 et 169

S. A. R. Madame la duchesse de Berri à Coucy. 170

Madame la maréchale duchesse de Reggio. id.

	Pag.
La Fère et Noyon.	171 et 172
Chauny et Saint-Quentin.	174
Le château de Genlis.	id.
Guise et Vervins.	176

Lettre dix-huitième.

Montcornet, Rosoy et Laon.	177
Mademoiselle de Talleyrand.	180
Liesse et Salency.	180 et 181
M. de Devise, maire.	183
Brie Champenoise, département de Seine et Marne; Meaux.	id.
Lagni et Provins.	184
Sens.	185
Joigny.	186
Table.	188

FIN DE LA TABLE.

www.ingramcontent.com/pod-product-compliance
Lightning Source LLC
Chambersburg PA
CBHW071949110426
42744CB00030B/659